स्याह धवल

स्याह धवल

श्वेत-श्याम में बसे तथ्य की प्रकाश-रेखा

डॉ. आरती 'लोकेश'

NOTION PRESS

NOTION PRESS

India. Singapore. Malaysia.

Published by Notion Press 2025
Copyright © Dr. Arti 'Lokesh' 2025
Cover Design by Sahalu Fersana

Made with ❤ on the Notion Press Platform

www.notionpress.com

सुप्रसिद्ध साहित्यकार समालोचक, समीक्षक
उदारमना डॉ. अशोक कुमार 'मंगलेश' जी
को सादर समर्पित

अनुक्रमणिका

सृजन के आलोक में संपादन-यात्रा का संग्रहण: स्याह धवल

भारतीय मूल प्रवासी डॉ० आरती 'लोकेश' एक बहुचर्चित कवयित्री, उपन्यासकार, समीक्षक और कहानीकार तो हैं ही, साथ ही संपादन के क्षेत्र में भी उनकी विशिष्ट पहचान है। समय की आवश्यकता और सुधी पाठक के आग्रह पर डॉ० आरती 'लोकेश' संपादन-कर्म में प्रवृत्त हुई प्रतीत होती हैं। उनकी यह सहज स्वीकृति संपादन में मूल्यांकन- विश्लेषण की दृष्टि को अधिक निखारती है। दरअसल कुछ लेख, आलेख, कविता, लघुकथा आदि के माध्यम से विभिन्न पत्र-पत्रिकाओं, पुस्तकों का संपादन और विभिन्न प्रकाशकों के आग्रह पर संपादन में अपनी लेखनी की रोशनी डुबोई है। उपन्यास के आधुनिक वातायन से लेकर कहानी की अंतर्वस्तु तक को पहचानने में जो दृष्टि आरती 'लोकेश' ने दी है, वह सराहनीय एवं स्तुत्य है। इसके विपरीत रचनाओं के संकलन-संपादन-प्रकाशन की मूल्यांकन-प्रक्रिया में बहुत संघर्ष करना पड़ता है, यह पथ रचनाओं के स्तर पर सूक्ष्म और अनछुए पहलुओं से गुजरता है, जिसे आरती 'लोकेश' जी बड़ी सहजता और सौम्यता से परिपूर्ण करती हैं।

आज संपादन कार्य आधुनिक काल के भारतेंदु या महावीर प्रसाद द्विवेदी आदि के समय की भाँति अपरीक्षित नहीं है। कहने का तात्पर्य यह है कि हिंदी कविता, कहानी, अनुवाद और शोध-पत्रिकाओं के क्षेत्र में संपादन-कर्म अपनी सुदीर्घ यात्रा पर है। संपादन कार्य को अब विशेष महत्त्व दिया जा रहा है। परिणामस्वरूप खूब संपादन कार्य हो रहा है। आज हिंदी में असंख्य संपादक हैं जो श्रेष्ठ साहित्य के संपादन-

कर्म में रत हैं। किंतु इसके विपरीत कुछ ऐसे संपादक भी हैं, जो साहित्य और संपादन के मर्म अथवा कर्म से पूरी तरह अनभिज्ञ हैं, जो केवल सहयोग राशि एकत्रित कर और सामग्री मँगाकर उसे छपाने में ही संपादन-कर्म की सार्थकता मानते हैं। ऐसे संपादकों के संपादन कार्य में मात्र छपास के निमित्त कृत के खिलवाड़ से अधिक कुछ नहीं है। यदि आलोचक-विद्वान इस संपादन-कला के परीक्षण एवं मूल्यांकन के लिए अपेक्षित मान और मूल्य निर्धारित करके इस ओर ध्यान करें तो इस तथाकथित संपादन व्याधि से भी मुक्ति पाई जा सकती है। यह आज संपादन संदर्भ में अत्यावश्यक है।

वर्तमान में संपादन-कर्म को कतिपय लेखकों, रचनाकारों या कहें कि सम्पादकों ने मजाक बना रखा है। बस! रचनाएँ आमंत्रण का न्योता दिया, संकलन कर जोड़ा और छाप दिया। ये देखना कि प्राप्त सामग्री संग्रहणीय या प्रकाशन योग्य है या नहीं कुछ नहीं देखते, अपनी पुस्तकों की संख्या में बढ़ोतरी करने मात्र तक सीमित रहते हैं। साथ ही अच्छा खासा धन भी बटोरते दिखाई देते हैं। जबकि संपादन-कर्म सामग्री जुटाने और उसे प्रकाशित कर देने तक से पूरा नहीं होता। इस कर्म में सर्वप्रथम तो समय चाहिए, फिर रचनाओं की छटनी करना, प्रूफ रीडिंग, क्रमवार संकलित करना, तथ्यों का मूल्यांकन करना, आवश्यकता और महत्त्व के स्तर पर काटना या विस्तार देना आदि-आदि प्रक्रिया से गुजरना पड़ता है। इस संदर्भ में आरती 'लोकेश' जैसे कतिपय संपादक अपनी अलग ही पहचान रखते हैं। जिनका संपादन कृत्य श्लाघनीय एवं संग्रहणीय बन पड़ा है।

प्रकृत संपादित पुस्तक 'स्याह धवल' डॉ० आरती 'लोकेश' की सद्यः साहित्यिक दीर्घा का संग्रह है। समय-समय पर उनके द्वारा विरचित लेख, आलेख, भूमिका, समीक्षा, चिट्ठी-पत्री, संस्मरण, विमर्श, व्यक्ति विशेष चर्चा-परिचर्चा व भेंटवार्ताओं आदि को संयोजित कर संपादित किया गया है। इस प्रकार पाठकों की सहूलियत के लिए उन्होंने पुस्तक को विभिन्न पाँच उपभागों में विभाजित कर क्रमबद्ध किया है। एक अच्छे संपादक की यह विशेषता होती है कि वह पुस्तक को सबसे पहले सलीके से विभाजित करता है, जिसका असर पाठक की जिज्ञासा पर सीधा

पड़ता है, चूँकि सुधी पाठक की नजर सर्वप्रथम पुस्तक के अनुक्रम पर ही पड़ती है, फिर वह मन बनाता है इसे पढ़ना चाहिए या नहीं। प्रथम उपभाग शोध-संचय में डॉ० आरती 'लोकेश' ने अपने धीर-गम्भीर शोधालेखों को शामिल किया है जिनमें लक्ष्मण बूटी संजीवनी बूटी, मुंशी प्रेमचंद और स्त्री विमर्श, नमन सूरदास, समकालीन परिदृश्य में अणुव्रत सिद्धांतों की प्रासंगिकता शोध लेख सम्मिलित हैं। दूसरे भाग में नगरी लिपि की महत्ता के अंतर्गत यू.ए.ई. हरूफ़ माला, बाल विज्ञान, प्रवासी साहित्य और साहित्य की कला व कला का साहित्य पर विमर्श, हिंदी शिक्षण की चुनौतियाँ और हिंदी अरबी का अंतसम्बंध, दुबई में भारतवंशी युवा पीढ़ी एवं सांस्कृतिक समन्वय और हिंदी संस्थाओं की रिपोर्ट प्रस्तुत की गई है। अगले भाग में अमीराती जीवन व घटनाओं के साथ स्थानीय यात्रा-वृत्तांतों व नव-निर्मित बैप्स हिंदू मंदिर अबु धाबी को स्थान दिया गया है। चिट्ठी-पत्री भाग में संस्मरण, पाती वाले गली-गाँव, माई की चिट्ठी, वीर जवानों को पाती आदि शामिल हैं। पुस्तकालय भाग में उनके द्वारा की गई विभिन्न पुस्तकों की समीक्षाएँ, भूमिकाएँ एवं मीमांसाओं को संगृहीत किया गया है। आगे व्यक्ति विशेष के साथ ही वेद शास्त्र और पर्यावरणीय संकट पर प्रकाश डाला है। शिक्षा-दीक्षा व शिक्षक भाग के अंतर्गत विश्व हिंदी दिवस व अंतरराष्ट्रीय स्तर पर हिंदी महोत्सव व प्रसार-प्रचार पर आलेख प्रस्तुत कर विश्व में हिंदी के बढ़ते हुए कदमों पर आलेख प्रस्तुत हुए हैं। पुस्तक के अंत में, आप्रवासी-देशवासी साहित्यकारों की भेंटवार्ता, परिचय और चित्रावली आदि प्रदर्शित की गई है।

डॉ० आरती 'लोकेश' द्वारा अपनी रचना-यात्रा से संपादन-यात्रा में प्रवृत्त होने की यह दिशा उनकी साहित्यिक यात्रा की ऊर्ध्वाधर दिशा की खोज ही नहीं नव-प्रयोग भी कहा जा सकता है। डॉ० आरती जी का संपादन-कर्म औदात्य रचना की परिधि में ही नहीं, अपितु साहित्यिक परिधि में श्रेष्ठ कृत्य है। मूलतः यह उनकी सृजनात्मक-रचनात्मक सृजन व मूल्यों पर आधारित संकलन है। निश्चय ही यह कृति एक मान्य सम्पादन-प्रक्रिया रही है। एक चर्चित कवयित्री, उपन्यासकार और कहानीकार होते हुए भी वे एक कुशल संपादकीय कर्म के लिए सफल रही हैं। उनके संपादन की कुशल-प्रक्रिया व संपादकत्व की धार हिंदी संपादन-कर्म को नए शिखर

पर अवस्थित करती है। साहित्य की विभिन्न विधाओं पर उनका मंतव्य सदैव विमर्शमूलक और तथ्यपरक होता है। इस प्रकार डॉ० आरती 'लोकेश' संपादन की परिधि अथवा क्षेत्र में अपने उत्स और साहित्यिक विवेक का उदात्त परिचय देती हैं।

निष्कर्ष रूप से यह कहा जा सकता है कि डॉ० 'लोकेश' के सृजन के आलोक में उनकी संपादन-यात्रा का विवेचन-विश्लेषण, दोहन-मंथन एवं मूल्यांकन-निष्कर्षण और संग्रहण अत्यंत सूझबूझ के साथ करने का प्रयास हुआ है। जहाँ वे शोध के स्थापित मतों की पुनर्व्याख्या करती हैं, वहीं नवीन तत्त्वों, प्रदयों, विषयों आदि की खोज का साहस भी जुटाने का प्रयास रहा है। प्रकृत संपादित कृति शोध-प्रविधि एवं सम्पादन-कर्म के मानकों पर खरी उतरती है, ऐसा मेरा विश्वास है। अतः प्रस्तुत कृति डॉ० आरती 'लोकेश' की विश्लेषण-क्षमता और शोध-निष्ठा के साथ-साथ सम्पादन कृत्य का प्रमाण बनेगी और भावी शोधकों एवं सम्पादकों के लिए एक दिशा-बोधक का कार्य भी करेगी।

अशेष शुभकामनाओं सहित नव-कृति प्रकाशन की हार्दिक बधाई।

डॉ० अशोक कुमार 'मंगलेश'

साहित्यालोचक एवं अनुवादविद
अध्यक्ष, निर्मला स्मृति साहित्यिक समिति एवं
निर्मला प्रकाशन, चरखी दादरी हरियाणा (भारत)
ई-मेल: dr.ashokkumarmanglesh@gmail.com

गद्य साहित्य में विविध आयामों के इंद्रधनुष

पुस्तक पढ़ने का आनन्द इसमें है कि जिस विषय में हमारी रुचि हो वह सब कुछ पढ़ने मिल जाए। आनंद इसमें भी है कि जिसमें हमारी रुचि न हो पर पढ़ते-पढ़ते रुचि पैदा हो जाए। इस दृष्टि से आरती जी 'लोकेश' गोयल की पुस्तक 'स्याह धवल' बड़ी महत्वपूर्ण है। शोध आलेख के अलावा भी यू.ए.ई. के बारे में अरबी भाषा  और वहाँ हिंदी शिक्षण आदि की गहरी जानकारी और चिट्ठी-पत्री इन तीनों के आयाम भले अलग-अलग हों पर यह साहित्य के कितने महत्वपूर्ण अंग हैं यह जानना हो तो इस पुस्तक को पढ़ना आवश्यक है। मिठाई के बारे में जानकर नहीं, उसे खाकर तृप्ति मिलती है। इन आयामों के बारे में सैद्धांतिक जानकारी रस नहीं दे पाएगी; तीनों आयाम में इस पुस्तक से यात्रा कर लेने से आनंद भी मिलेगा और जानकारी भी मिलेगी। पूरी जानकारी को एक सूत्र में पिरो देना आपकी रचनात्मकता का प्रमाण है। बात यहाँ समाप्त नहीं होती। कालेडोस्कोप के विभिन्न रंगों से भरी 'स्याह धवल' में 9 साहित्यिक पुस्तकों और दो महत्वपूर्ण पत्रिकाओं के क्षेत्र में यात्रा करने के लिए इनकी भूमिका भी मिलेगी और प्रवासी साहित्य से ले कर बाल साहित्य आदि पर विमर्श युक्त आलेख मिलेंगे।

लेखिका की भाषा सरल है और पाठकों तक संप्रेषण सीधा होता है। इनके लेखन का प्रथम परिचय तब हुआ जब ह्यूस्टन से निकलती काव्य-पीयूष शृंखला और वैश्विक लघुकथा पीयूष के सहसंपादन में एक साथ कार्य करने का अवसर मिला।

आपके लेखन पर दृष्टिपात करने का अवसर मिला और तब आपकी प्रभावशाली लेखनी से परिचय हुआ। आपकी साधना की गहराई के बारे में जाना। पुस्तक के विभिन्न आयामों में लेखन कला की बारीकियों को देख कर आपके सृजनशील व्यक्तित्व का दर्शन होता है।

शोध आलेख में सूरदास और प्रेमचंद के विषय में हर कोई जानना चाहेगा तो अणुव्रत और लक्ष्मण बूटी एक विशिष्ट क्षेत्र में ले जाते हैं। प्रेमचंद और स्त्री विमर्श में प्रेमाश्रम की विद्या से ले कर सेवासदन, रंगभूमि और गबन आदि में स्त्री पात्र का हृदय प्रेमचंद की दृष्टि से चित्रित किया है। नारी के आचरण में प्रेमचंद का कथ्य क्या है इसे आरती जी ने बखूबी समझाया है। इसी प्रकार सूरदास के काव्य में बालवृत्ति और संवाद का स्नैपशॉट अच्छी तरह लिया है जिससे अधिक जानने की जिज्ञासा होती है। देवनागरी पर आलेख महत्वपूर्ण है उसके महत्व को अच्छी तरह समझाया है। हिंदी-अरबी अंतर्संबंध के आलेख में लिपि-भेद से लेकर अरबी शब्दों की भारत-यात्रा पर प्रकाश डाला है। अणुव्रत पर शोध आलेख सोचने के लिए प्रेरित करता है।

युवा पीढ़ी के लिए बौखलाहट या निराशा प्रगट कर देना लोगों का स्वभाव बन गया है पर इसमें नासमझी है। ऐसे माहोल में युवा के लिए 'यू! वाह!' वाला आशावादी दृष्टिकोण बड़ा प्रीतिकर लगा। यू.ए.ई. की हिंदी संस्थाओं की जानकारी पाकर मन प्रसन्न हुआ। अमीराती जीवन का चित्रण प्रभावशाली ढंग से किया है। अबुधाबी के नवनिर्मित बैप्स हिंदू मंदिर के बारे में जान कर दिल प्रसन्न हो उठता है।

शोध आलेख की लेखिका को चिट्ठी-पत्री सेक्शन की ओर सहजता से लिख पाना सरल हृदयता का परिचायक है। कहते हैं बारिश न हो पर पाठक को बारिश जैसा अनुभव हो जाए उसे कविता कहते हैं। उसी प्रकार वर्तमान समय में हो कर भी आपका संस्मरण हमें बीते दिनों में डुबो देता है यह संस्मरण की सफलता है। अपनी माँ को और वीर जवानों को लिखे पत्र भाव विभोर कर देते हैं।

'पुस्तकालय से' सेक्शन में सर्वप्रथम डॉ निशंक की कृति का सामना हुआ।

निशंक की कृतियों से मैं भी पूर्व परिचित हूँ क्योंकि उनकी एक कृति की समीक्षा लिखने का सौभाग्य मुझे भी मिला था। आपने 'तुम भी मेरे साथ चलो' को जीवंत कर दिया है। अन्य पुस्तकों में 'युगांतर' उपन्यास की दृष्टि आपने भूमिका में बतलाई है शाश्वत मूल्यों की पुनर्स्थापना की यात्रा के रूप में। 'अभी अंधेरा है' की मीमांसा गहराई को छूती है। मीरा ठाकुर की 'धूप छाँव की दरी' (कविताएँ) और श्रद्धा शुक्ला 'श्री' का 'मौन घरौंदे' (कहानी संग्रह) आदि ग्यारह साहित्यिक पुस्तकों का निचोड़ इस पुस्तक में बोनस के रूप में मिल जाए फिर कहना ही क्या?

'वेदशास्त्र और पर्यावरण संकट' में यह महत्व का बिंदु खोल दिया है कि पर्यावरण केवल प्रकृति और पेड़ पौधे ही नहीं, मानव समाज और परिवेश भी उसके ही अंग हैं। 'आदि-इत्यादि' निबंध संग्रह है – हिंदी भाषा, लिपि और साहित्य के विषय को लेकर। साथ ही 'दीप-ज्योति' कविता संग्रह की भूमिका उल्लेखनीय है।

बाल साहित्य पर लिखने के लिए आपने विद्यार्थी बन कर लिखने का उपक्रम किया इससे बच्चों के एहसास और उनकी आवश्यकताओं को अच्छी तरह पकड़ पाई। यू.ए.ई. में लिखे जा रहे साहित्य की जानकारी 'साहित्य से प्रवासी साहित्य' तक में मिलती हैं। शिक्षक दिवस पर आलेख भी सुंदर है। कहाँ तक लिखें; प्रत्येक जानकारी और मानवीय भावनाओं को आपने प्रभावी ढंग से प्रस्तुत किया है।

इसमें संदेह नहीं आरती जी की इस पुस्तक को पाठकों का स्नेह मिलेगा तथा साहित्य-जगत में स्वागत होगा। मैं इन्हें हार्दिक बधाई देते हुए शुभकामनाओं के साथ अपनी लेखनी को विराम देता हूँ।

श्री हरिहर झा

मेलबॉर्न , ऑस्ट्रेलिया
प्रवासी हिंदी साहित्यकार एवं वरिष्ठ व्यंग्यकार
वरिष्ठ सूचना तकनीकी अधिकारी, मौसम विभाग, मेलबॉर्न

कलम दवात के सुधाधर छींटे

दवात और कलम की अधिक कीमत नहीं होती परंतु उनका प्रयोग जानने वाले की कीमत बहुत होती है। ये दो वस्तुएँ मनुष्य का समाज में स्थान सुनिश्चित करती हैं। इनके प्रयोग का अल्प ज्ञान ही मनुष्य को निरक्षर से साक्षर की श्रेणी में ले आता है। निरक्षर का सीधा अर्थ अशिक्षित से लिया जा सकता है। यद्यपि गहन पड़ताल करने पर शिक्षा और साक्षरता दो भिन्न अवधारणाएँ बनती हैं तथापि आम  धारणा इसके विपरीत है। विविध प्रकार के कौशल और हस्तकला की शिक्षा बिना अक्षरज्ञान के ली जा सकती है फिर भी शिक्षा के सामान्य अर्थ में उस शिक्षा को शामिल नहीं किया जाता है। खैर, वापस आते हैं साक्षरता की श्रेणी में... जितना अधिक कलम दवात से नाता होगा उतना ही व्यक्ति को ज्ञान होगा। यहाँ भी समझ और विवेक की अपेक्षा ज्ञान कहना उचित है क्योंकि समझ, सूझबूझ और विवेक साक्षरता के अनुगामी नहीं हैं। यही कुछ गुण मानव को पशु से श्रेष्ठ, या अन्य शब्दों में प्राणीमात्र में सर्वोत्तम कक्षा में ले आते हैं।

कलम और दवात का संबंध मात्र लिखने से ही नहीं है, पढ़ने से भी है। भाषायी कौशल के चार प्रकारों को दो भागों- मौखिक और लिखित में बाँटा जाता है तो लिखित कौशल में पढ़ने और लिखने का कौशल आता है। अत: कलम दवात के

प्रयोग से ज्ञान, बुद्धि और विचारों का विकास अवश्यम्भावी माना जाता है। इसमें पढ़ने का योगदान लिखने से कहीं अधिक है। यह विकास पीढ़ी दर पीढ़ी हस्तांतरित भी होता है और उन्नत भी। न केवल इतना ही, इसके विकास की गति की दर भी सतत संवर्धित होती रहती है। इसी अनुपात में मसिपात्र में भरी सुधा के छींटे भी चहुँदिशी उड़ते रहते हैं और ज्ञान के अमरत्व से सींचते रहते हैं।

समय-काल बदलते हुए सामाजिक व व्यावहारिक चलन बदलता है उसी प्रकार साहित्यिक चलन भी बदलता है। लेखनी और मषिकुप्पी वाले आदि विद्वान काव्य रचना करते थे तब उनकी अभिव्यक्ति की सीमा-रेखा में सभी प्रकार के भाव-रस समाहित थे। गद्य लेखन के प्रचलन के बाद काव्य को कविता के अर्थ तक सीमित किया गया। गद्य लेखन आगे दो शाखाओं में प्रवाहित हुआ। गल्प को कथापरक गद्य तथा तथ्य को कथेतर गद्य कहा जाने लगा। कल्पनाशीलता, रचनात्मकता तथा नवोन्मेष के लिए जहाँ कथात्मक गद्य का पठन-पाठन आवश्यक है वहीं वस्तुस्थिति, यथार्थबोध और विगत ज्ञान के लिए कथेतर गद्य नितांत अनिवार्य है। इसकी तथ्यविषयकता, शोधमूलता पाठक और लेखक को नई दृष्टि व दिशा प्रदान करती है। इसी कारण कथेतर गद्य की रचनाओं का महत्त्व साहित्य में कहीं अधिक है। समाज का आईना कथा से अधिक कथेतर विधाएँ दिखाती हैं।

'कथ्य अकथ्य' तथा 'अश्रुत श्रव्य' के बाद 'स्याह धवल' मेरा तीसरा गद्य-विविधा संग्रह है जिसमें कथेतर विधाओं पर कार्य किया गया है। शोध ग्रंथ 'रघुवीर सहाय के गद्य में सामाजिक चेतना', यात्रा वृत्तांत संग्रह 'झरोखे', यात्रा संस्मरण 'सात समुंदर पार' के बाद यह मेरी छठी कथेतर गद्य की पुस्तक है।

कथेतर विधाओं पर कलम चलाना सदा अग्निरेखा पर विचरण करने के समकक्ष है। इसमें कहीं भी कुछ भी का समावेश नहीं किया जा सकता। प्रत्येक शब्द को तर्कसम्मत और तथ्यसंगत होना ही है। कथात्मक गद्य लिखने में मिलने वाली छूट कथेतर के 'इतर' में इतिश्री कर लेती है। कथा गद्य में तथ्यों का प्रवेश वर्जित नहीं है किंतु उनको अयथार्थ की ऐनक से ही देखा-परखा जाता है तो उसमें तोड़-मरोड़

होने पर भी प्रश्नचिह्न नहीं लगता। कथेतर गद्य में सन्निहित आत्मकथा और जीवनी आदि जैसे कथ्य भी यथार्थ से कूट-कूटकर भरे हुए होते हैं। सत्य और यथार्थ कभी तेरा-मेरा-इसका-उसका अलग-अलग नहीं होता। वह एकाक्ष और एकमात्र ही होता है। उसे भिन्न-भिन्न कोणों से देखने वाले भले ही उसके भिन्न-भिन्न आयामों की व्याख्या करें किंतु समग्र और सम्पूर्ण रूप में वह ईश्वर की भाँति एकरूप ही होता है। इसी कारण कथेतर गद्य लिखना अधिक गंभीर और जटिल कार्य है। चंचल चित्त के साथ इसका बीड़ा नहीं उठाया जा सकता। इसके लिए स्वयं को अस्थिर, निष्पक्ष और तटस्थता देनी होती है।

'बिना धवल-पत्र के स्याह अक्षरों की उपस्थिति अस्तित्वहीन है', इस कल्पना के उभरते ही मेरी पुस्तक 'स्याह-धवल' के रूप में आकार लेने लगी। समय-समय पर लिखे गए आलेखों, शोध-पत्रों, व्याख्यानों, सम्भाषणों, समीक्षाओं और टिप्पणियों को मैंने एकत्र करना आरंभ किया। इस शीर्षक को अनुकूल पाने के बाद ही उन्हें इस पुस्तक में शामिल किया। जैसा कि मैंने 'कथ्य अकथ्य' और 'अश्रुत श्रव्य' में भी 31 रचनाओं को रखा था, 'स्याह धवल' में भी 31 रचनाओं की ही स्थान दिया है।

प्रमुख आवरण के लिए बहुत दुविधा रही कि मात्र काले-सफेद रंग की कुछ आकृतियाँ ली जाएँ या अन्य रंग भी लिए जा सकते हैं। स्याही नीले रंग की होती है और श्वेत रंग में सब वर्ण समाए हैं, यह ख्याल आते ही चित्रकारा को इसी भाँति निर्देश दिए। आवरण का चित्र मेहनतकश लोगों को दर्शाता है जिन्हें हम सफेद कॉलर जॉब से बाहर रखते हैं। उन्हें इसमें शामिल कर श्याम वर्ण के महत्त्व को रेखांकित करने का एक प्रयास किया गया है।

रचनाओं की विविध प्रकृति, कलेवर व विधाओं को ध्यान रखते हुए मैंने इसे पाँच मुख्य खंडों में विभाजित किया है। पहला खंड 'शोध संचय' शोध प्रवृत्ति वाले आलेखों का संग्रह है। दूसरा खंड 'यू.ए.ई. हरूफ़' संयुक्त अरब अमीरात यानी यू.ए.ई. पर लिखे आलेखों-वृत्तांतों का संग्रह है। तीसरा खंड 'चिट्ठी-पत्री' पत्र विधा पर किए गए कार्य का लेखा-जोखा है। चौथा खंड 'पुस्तकालय से' में अनेक पुस्तकों की

समीक्षाएँ, भूमिकाएँ, टिप्पणियाँ आदि ली गई हैं तो पाँचवे खंड 'विमर्श रोशनाई' में समय-समय पर दिए गए व्याख्यान तथा विषय/अवसर विशेष पर दिए भाषण आदि को समेटा गया है।

हर प्रकार के पाठक को कुछ रचनाओं में अपनी रुचि की कुछ सामग्री मिल जाएगी। ये सभी रचनाएँ पाठकों को अलग-अलग विषयों में प्रवेश करने का अवसर देंगी। इनका पूर्ण ज्ञान देने का दावा न करते हुए भी इन पर ध्यानाकर्षण तथा विचारों को जन्म देने का कार्य अवश्य करेंगी। इन्हें पढ़कर पाठक इन बिंदुओं पर और अधिक विवरण अर्जित करने के लिए स्वयं खोज करेंगे, ऐसा मेरा मानना है। प्रवासी साहित्य और यू.ए.ई. के साहित्य पर शोध करने वाले विद्यार्थियों को भी इस पुस्तक के अध्ययन से लाभ मिलेगा।

यद्यपि सभी आलेख व रचनाएँ तथ्यपरक या संस्मरणात्मक प्रवृत्ति की हैं तथापि समय पूर्व रची गई होने के कारण कुछ अद्यतन जानकारी की कमी का दोष रह गया हो सकता है। आशा है सुधीजन उसे क्षमा करेंगे और सार-सार को गहि रहेंगे। विद्र-मनीषियों का जो स्नेह 'कथ्य अकथ्य' तथा 'अश्रुत श्रव्य' को मिला, उसी की अधिकारिणी पुस्तक 'स्याह धवल' भी बनेगी ऐसी आकांक्षा के साथ मैं इसे सुधी पाठकों के हाथों में सौंपती हूँ।

-डॉ. आरती 'लोकेश'

20 मार्च 2025

तमस में भर दे उजास

कभी सोचा है कि छापने की क्रिया को प्रकाशन क्यों कहतें हैं? मन-मस्तिष्क की तहों में रमा हुआ भाव रोशनाई के माध्यम से बाहर आता है फिर भी वह हमारी डायरी, अलमारी या मेज़ की दराज़ के तमस में गुम रहता है। छपने के बाद वह सबके समक्ष, प्रत्यक्ष, सबकी आँखों के सामने आता है जिसे प्रकाश में लाना कहते हैं। प्रकाश की उपस्थिति में ही सब दृष्टिगोचर होता है वरना सब तमस की कालिमा में खो जाता है। इसी कारण आँखों की शक्ति को भी रोशनी कहा जाता है। सबके देखने अर्थात् पढ़ने की योग्यता पा जाने को प्रकाशन कहा जाता है। पुस्तक के निर्माण की प्रक्रिया में सदा ही 'तमस में उजास' भर देने का भाव निहित रहता है। पुस्तक प्रकाशन में इसी कारण बहुत सावधानी बरती जाती है कि अब इस पर अनेक दृष्टियाँ हैं जो इसका अवलोकन व आलोचन कर सकें।

स्याही और स्याहीदान के उपयोग करने की विद्या देने के लिए ईश्वर के पश्चात अपने माता-पिता तथा जीवन में मिले समस्त शिक्षकगण की आभारी हूँ। सोच-विचार की क्षमता देने वाली शिक्षा की ऋणी हूँ और लिखने की योग्यता देने वाले हिंदी गुरुओं को प्रणाम करती हूँ।

आज निस्वार्थ भाव से साहित्य व समाज की सेवा करने वाले बहुत कम ही बचे हैं। अत: उन सभी वरिष्ठ प्रकाशकों व संपादकों को नम करती हूँ जिन्होंने समय-समय पर मुझे आलेख लिखने के लिए प्रेरित किया और पत्र-पत्रिकाओं में उन्हें प्रकाशित कर मेरी लेखनी पर विश्वास जताया।

डॉ. ओम प्रकाश गुप्ता जी ने गुरु के समान संपादन कर्म की प्रेरणा दी तथा श्रीराम चरित भवन ह्यूस्टन द्वारा आयोजित अंतरराष्ट्रीय रामायण अधिवेशन के लिए कई

बार शोध-पत्र लिखने व प्रस्तुत करने का आदेश दिया। 'लक्ष्मण बूटी संजीवनी बूटी' नामक शोध-पत्र पाँचवे अधिवेशन की पुस्तक का अंग बना है। यह संक्षिप्त आलेख के रूप में 'इरा' पत्रिका की भी शोभा बढ़ा चुका है। 'प्रेमचंद के स्त्री विमर्श' लिखने के लिए अबु धाबी से श्री रवि शुक्ल का आग्रह आया तो 'सूरदास जयंती' के लिए डॉ. साहित्य चतुर्वेदी जी का। 'हिंदी शिक्षण की चुनौतियाँ' को विश्व हिंदी सचिवालय की प्रमुख पत्रिका 'विश्व हिंदी पत्रिका' में स्थान देकर महासचिव सुश्री माधुरी रमधारी जी ने अनुगृहीत किया तो 'अपृथकनीय हिंदी-अरबी' लिखने का निवेदन कर डॉ. जवाहर कर्णावट जी ने एक महत्त्वपूर्ण दिशा दिखाई। 'दुबई में युवा भारतीयों में सांस्कृतिक समन्वय' पर कलम चलाने के लिए कनाडा के श्री धर्मपाल जैन जी ने कहा जो बाद में 'सचिवालय दर्पण' पत्रिका में स्थान देकर डॉ. अखिलेश कुमार श्रीवास्तव जी, डॉ. वीरेंद्र कुसुमाकर जी ने उपकार किया।

अंतरराष्ट्रीय संस्था 'वैश्विक हिंदी परिवार' के लिए मॉरीशस गणराज्य की पूर्व राजदूत श्रीमती सुनीता पाहुजा के आग्रह पर 'यू.ए.ई. की हिंदी संस्थाएँ' नामक आलेख ने जन्म लिया। लेखन की सघनता कुछ यूँ रही कि लेख 'अरब जीवन व घटनाएँ' किस कारण लिखा, स्मरण नहीं आता। कारण जो भी रहा हो, परिणाम अच्छा रहा। 'बैप्स हिंदू मंदिर अबु धाबी' का तथ्यात्मक आलेख नेपाल से प्रकाशित 'भोर' पत्रिका के लिए बना और पत्रिका में स्थान देकर सुश्री मोनी बिजय कोइराला जी ने प्रसन्न कर दिया।

अब तक जितने भी पत्र लिखे गए हैं उन सबके प्रेरणास्रोत डॉ. सूरज सिंह नेगी जी रहे हैं। इस सुंदर विधा से पुन: जोड़ने के लिए उनका मैं बहुत उपकार मानती हूँ। डॉ. विवेक मणि त्रिपाठी जी ने चीन से मुझसे संपर्क साध डॉ. निशंक की पुस्तक 'तुम भी मेरे साथ चलो' के गुण-दोष विवेचन का निवेदन किया। अंतरग संगी-साथियों और रचनाकारों ने पुस्तक की भूमिका लिखने का उत्तरदायित्व सौंपकर धन्य किया। उनमें से हैं- डॉ. दिलबाग सिंह विर्क की 'युगांतर', मीरा ठाकुर की पुस्तक 'धूप-छाँव की दरी', सुश्री कौसर भाटी के दादा जी मोहम्मद सदीक भाटी की पुस्तक 'अभी अँधेरा है' जिसे उन्होंने 'थे मजा करो महाराज' नामक पुस्तक का हिस्सा बनाया। यह

भी बहुत अनूठा अनुभव रहा। सुश्री श्रद्धा शुक्ला की पुस्तक 'मौन घरौंदे' तथा प्रो. सौरभ के काव्य-संग्रह 'दीप ज्योति' की भी भूमिका लिखने का अवसर मिला। डॉ. अशोक कुमार मंगलेश जी ने 'मधुकांत अभिनंदन ग्रंथ' में सहयोग माँगा और प्रस्तुत आलेख को 'सूरश्री मधुकांत अमृतोत्सव' में हिस्सा बनाया। मीरा गौतम जी के शोध-ग्रंथ के एक अध्याय पर लेखनी नीदरलैंड्स के डॉ. रामा तक्षक के कहने पर चली। डॉ. रामनिवास मानव जी ने 'आदि-इत्यादि' डॉ. हरिसिंह पाल जी की पुस्तक पर टिप्पणी ली। अबु धाबी से प्राइवेट इंटरनेशनल इंग्लिश स्कूल से निकलने वाली 'प्रत्यूष' के लोकार्पण पर उसकी चर्चा हुई।

अन्य सभी आलेखों की भी इसी प्रकार आवश्यकतानुसार व माँग के अनुरूप रचना हुई। किसी को लेखनकर्म में प्रवृत्त करना भी बड़ा सामाजिक कार्य है। इसके लिए मैं उपरोक्त सभी महानुभावों को नमन करती हूँ।

श्री हरिहर झा जी जैसे सुप्रसिद्ध साहित्यकार ने मेरे एक अनुरोध पर इस पुस्तक के लिए अपने व्यस्ततम समय से कुछ पल चुराकर 'दो शब्द' लिखना स्वीकार किया। मैं आदरणीय की कृतज्ञ हूँ। विख्यात आलोचक, संपादक व साहित्यकार डॉ. अशोक कुमार मंगलेश जी ने सहर्ष इसकी भूमिका लिख मुझे उपकृत किया। उनके द्वारा साहित्य को योगदान और मेरी साहित्य यात्रा में मार्गदर्शन से अभिभूत हो 'स्याह धवल' को मैंने डॉ. मंगलेश को ही समर्पित किया है।

कार्यशाला की सहयोगी सुश्री सहलु फरसाना ने इसके लिए मन मुताबिक चित्र बनाकर कृतार्थ कर दिया। बाल सखा की परिभाषा के अनुसार तो नहीं किंतु बीस वर्षों से अधिक की मित्रता से बाल सखी जैसा ही अहसास देने वाली प्रिय मीरा ठाकुर का अवदान किसी प्रशंसा या सराहना से ऊँचा विषय है। उनके साथ-सहयोग की व्याख्या निशब्द है।   प्रूफ़ रीडिंग के समय उनके द्वारा निर्दिशित अशुद्धि शोधन किया गया है यदि फिर भी कोई अशुद्धि प्राप्त होती है तो उसके लिए मेरी क्षमायाचना स्वीकार करें।

स्याह धवल

श्वेत-श्याम में बसे तथ्य की प्रकाश-रेखा

शोध संचय

1. शोध पत्र

लक्ष्मण बूटी संजीवनी बूटी

शोध-सार

रामाचरितमानस के छठे कांड 'लंका काण्ड' में रावण के पराक्रमी शूरवीर पुत्र मेघनाद से लड़ते हुए प्रभु राम के छोटे भाई लक्ष्मण मूर्छित हो जाते हैं तो संकटमोचन पवनपुत्र हनुमान को पहले भेजा जाता है लंका के सुविख्यात वैद्य सुषेण को लाने और वैद्य के बताने पर संजीवनी बूटी लेने भेजा जाता है। जिस पर्वत पर बूटी मिलती है, उसे उखाड़कर अंजनिसुत लंका ले आते हैं और सुषेण वैद्य लक्ष्मण जी की चिकित्सा कर उन्हें होश में लाते हैं। संजीवनी बूटी देनेवाला यह पर्वत अब श्रीलंका की ही नैसर्गिक सम्पदा में सम्मिलित है। श्रीलंका की जलवायु में उगने वाले पेड़-पौधों से प्रतिकूल इस पर उगी भिन्न वनस्पति इस बात का प्रमाण है कि यह मूल रूप से लंका का न होकर बाहर से आगत सम्पत्ति है। संजीवनी बूटी के गुण किसी अन्य बूटी से अलग हैं। यह एक आयुर्वेदिक शक्तिदायक औषधि है जो मृत कोशिकाओं में पुनर्जीवन का संचार करती है। इस की मुख्य विशेषता है कि पानी की कमी से सूखकर पपड़ी जैसे बन जानेवाले ये पौधे पानी के संसर्ग से एक अर्से बाद भी पुन: तरोताज़ा हो जाते हैं। अपनी ही मृत कोशिकाओं में जीवन फूँक देते हैं, कुकनूस पक्षी की तरह। जिस ज्ञान-विज्ञान से हमारे पूर्वज शताब्दियों पहले समृद्ध थे, उसे इतने वर्षों बाद हम कितना जान पाए हैं, यह समझने की आवश्यकता है। संजीवनी बूटी के इतिहास तथा उस पर

हुए अनुसंधानिक तथ्यों का समावेश इस पत्र में किया गया है तथा ऐसी चमत्कारिक औषधियों के ज्ञान को लुप्त न होने देने पर बल दिया गया है।

प्रस्तावना

दैत्य, दानव और राक्षसों के गुरु शुक्राचार्य ने भगवान शिव की घोर तपस्या की और उनसे अमर होने का वरदान माँगा। ऐसा प्रकृति के नियमों के विरुद्ध तथा असंभव होने के कारण शिव जी ने उन्हें मृत्यु से बचाने वाली संजीवनी विद्या के बारे में बताया। ऐसा माना जाता है कि शुक्राचार्य ने उस विद्या को सीखकर युद्ध में मारे गए दैत्यों को फिर से जीवित कर दिया। रामायण और रामचरितमानस में इसी विद्या का उपयोग वैद्य सुषेण ने भी किया। तब से संजीवनी बूटी को लक्ष्मण बूटी भी कहते हैं।

'संजीवनी' शब्द सम्+जीवनी, दो शब्दों से मिलकर बना है, जिसका अर्थ है जीवन को बराबर बनाए रखने वाली बूटी। आयुर्वेद में बहुत प्रकार की जड़ी-बूटियों का प्रयोग किया जाता है, जिन्हें हम 'हर्ब्स' कहते हैं और उनसे निर्मित औषधियों अथवा उत्पादों को 'हर्बल'। स्वास्थ्य लाभ करने वाली वनस्पति दो प्रकार से प्राप्त की जाती है- उखाड़कर अथवा तोड़कर। धरती के नीचे से खोदकर निकाला जाने वाला भाग 'जड़ी' और सतह के ऊपर से चुना जाने वाला भाग 'बूटी' कहलाता है।

विस्तार

त्रेता युग में भगवान विष्णु के अवतार राम मर्यादा पुरुषोत्तम रूप में व्यवहार करते हैं। पत्नी सीता के रावण द्वारा हरण किए जाने पर मानव की भाँति योजनाबद्ध रीति से रावण की लंका पर चढ़ाई करते हैं। इस कथा को पढ़ते हुए रामचरित मानस के षष्ठम कांड 'लंका काण्ड' में हम पाते हैं कि लक्ष्मण जी और मेघनाद दोनों योद्धाओं के परस्पर युद्ध में जब मेघनाद को अपने प्राण संकट में जान पड़े तो मेघनाद ने वीरों का नाश करनेवाली 'वीरघातिनी' शक्ति चलाई। तेज से पूर्ण वह शक्ति लक्ष्मण जी के सीने में जा लगी, जिससे वे मूर्छित हो गए। राम को आस-पास न पाकर सर्वव्यापक, ब्रह्म, अजेय, सब लोकों के स्वामी और करुणा की खान श्री रामचन्द्र जी लक्ष्मण जी की

कुशलता जानने को व्याकुल हो उठे। छोटे भाई को मूर्छित देखकर प्रभु बड़े दुखी हो गए।

तुलसी रामायण 1008 पंक्तियों में से पंक्ति संख्या 812 से 822 में पृष्ठ 83-84 पर इसका उल्लेख आता है।

812 जामवंत कह बैद सुषेना। लंकाँ रहइ को पठई लेना ॥ 6.55.C7

813 धरि लघु रूप गयउ हनुमंता। आनेउ भवन समेत तुरंता ॥ 6.55.C8

जामवंत जी के परामर्श पर हनुमान जी लंका के निवासी सुषेण वैद्य को लेने गए, जिन्हें वे उनके घर समेत ही उठा लाए। हनुमान जी की यही प्रवृत्ति तब भी प्रकट हुई जब वैद्य सुषेण के इलाज बताने पर वे आकाशमार्ग से सुदूर पर्वत पर औषधि लेने गए।

814 राम पदारबिंद सिर नायउ आइ सुषेन। 6.55.D1

815 कहा नाम गिरि औषधी जाहु पवनसुत लेन ॥ 6.55.D2

सुषेण वैद्य हनुमान को द्रोणगिरि पर्वत पर जाकर 4 जड़ी बूटियाँ लाने की आज्ञा देते हैं – मृत संजीवनी (मरे हुए को जिवाने वाली), विशाल्यकरणी (तीर निकालने वाली), संधानकरणी (त्वचा को स्वस्थ करने वाली) तथा सवर्ण्यकरणी (त्वचा का रंग बहाल करने वाली)। इन सभी जड़ी-बूटियों में से सदैव प्रकाश विकीर्णित होता है। अत: इन्हें परखकर अविलम्ब वापिस आ जाना है।

816 राम चरन सरसिज उर राखी। चला प्रभंजनसुत बल भाषी ॥ 6.56.C1

817 देखा सैल न औषध चीन्हा। सहसा कपि उपारि गिरि लीन्हा ॥ 6.58.C7

हनुमान जी हिमालय पर कैलाश पर्वत और ऋषभ पर्वत के बीच द्रोणगिरि पर्वत पर पहुँच जाते हैं परंतु वनस्पतियों की पहचान न होने और समय की कमी के कारण पूरा पर्वत उठा कर ले आते है। किंवदंती के अनुसार जहाँ से हनुमान जी संजीवनी बूटी लाए थे वह गाँव देवभूमि उत्तराखंड में चमोली क्षेत्र में है। इस गाँव का नाम

द्रोणगिरि है। लोग इस पर्वत की पूजा करते थे। जिस वक्त हनुमान जी संजीवनी बूटी लेने आए, तब पहाड़ देवता ध्यान मुद्रा में थे। हनुमान जी ने पहाड़ देवता की न ही अनुमति ली और न ही उनकी साधना पूरी होने की प्रतीक्षा की अत: वहाँ के रहवासी हनुमान जी से रुष्ट हो गए।

821 आइ गयउ हनुमान जिमि करुना महँ बीर रस ॥ 6.61.S2

822 तुरत बैद तब कीन्हि उपाई। उठि बैठे लछिमन हरषाई ॥ 6.62.C2

सुषेण वैद्य इन जड़ी-बूटियों से औषधि निर्मित करते हैं और लक्ष्मण को मृत्यु से छुड़ाकर जीवन दान देते हैं। इस औषधि को ही संजीवनी बूटी का नाम दिया गया।

हनुमान जी द्रोणगिरी पर्वत उठाकर श्रीलंका में ले लाए फिर वह अपने स्थान पर पुनर्स्थापित न हुआ, श्रीलंका में ही रह गया। माना जाता है कि हनुमान जी ने इस पहाड़ के टुकड़ों को इस क्षेत्र विशेष में डाल दिया था। वैज्ञानिक मानते हैं कि यह पर्वत आज भी श्रीलंका में मौजूद है और रूमास्सला पर्वत के नाम से जाना जाता है। यहीं एक बहुत सुंदर बीच है- उनावटाना बीच। 'उनावटाना' का अर्थ होता है- आसमान से गिरा। श्रीलंका के दक्षिण समुद्री किनारे पर कई ऐसी जगहें हैं, जिनके बारे में कहा जाता है कि वहाँ हनुमान के लाए पहाड़ से गिरे टुकड़े हैं। इन जगहों पर मिलने वाले पेड़-पौधे श्रीलंका के बाकी इलाकों में मिलने वाले पेड़-पौधों से काफी अलग हैं। रूमास्सला के बाद सबसे महत्त्वपूर्ण स्थान रीतिगाला है। पहाड़ उठाए हुए श्रीलंका जाते समय ही कुछ टुकड़े इस स्थान पर गिर गए थे। रीतिगाला की भी यही विशेषता है कि वहाँ उगने वाली जड़ी-बूटियाँ अपने आसपास के इलाके से बिल्कुल अलग हैं। इसके अलावा श्रीलंका के नुवारा एलिया शहर से करीब 10 किलोमीटर दूर हाकागाला गार्डन है जहाँ कदाचित हनुमान के लाए पहाड़ का दूसरा बड़ा हिस्सा गिरा। इस जगह की उर्वरा उस इलाके की मिट्टी और पादपों से बिल्कुल अलग हैं।

वनस्पति वैज्ञानिकों की दृष्टि में संजीवनी के लिए उपादेय ये, संवहनी पौधे होते हैं जो शुष्क सतह और पत्थरों पर भी उग सकते हैं। यदि इन्हें नमी न मिलें तो मुर्झा जाते हैं लेकिन नमी के मिलने पर पुनः हरे-भरे हो जाते हैं। माना जाता है कि इसका पौधा

लगभग तीस अरब साल पहले कार्बोनिफेरस युग से है। विशिष्ट जाति के ये पौधे भारत और नेपाल में पाए जाते हैं। इसका वानस्पतिक नाम सेलाजिनेला ब्राह्मपटेसिर्स है। भारत के पहाड़ी क्षेत्रों और आदिवासी क्षेत्र में पाई जाने वाली सेलाजिनेला ब्राह्मपटेसिर्स नामक वनस्पति में चमक होती है। यह बूटी रात्रि काल में चमकती है। इन्हीं गुणों के कारण वैज्ञानिक इस बूटी की प्रमाणिकता की जाँच में जुटे हैं।

वैज्ञानिकों के मुताबिक संजीवनी की असली पहचान काफी मुश्किल है क्योंकि जंगलों में इसकी तरह के कई ऐसे पौधे और वनस्पतियाँ उगती हैं जिनसे संजीवनी होने के भ्रम की स्थिति हो सकती है। मगर कहा जाता है कि चार इंच के आकार वाली संजीवनी लंबाई में ऊँचा बढ़ने की बजाए सतह पर फैलती है। इसके पौधे की पहचान के बारे में वनस्पति वैज्ञानिकों में अभी मतभेद हैं।

कृषि विज्ञान विश्वविद्यालय, बेंगलुरु और वानिकी महाविद्यालय, सिरसी के वनस्पति वैज्ञानिकों डॉ. के.एन. गणेशैया, डॉ. आर. वासुदेव तथा डॉ. आर. उमाशंकर ने बेहद व्यवस्थित ढंग से इस पर शोध कर 2 पौधों को चिह्नित किया है। लखनऊ में स्थित वनस्पति अनुसंधान केंद्र के अनुसार यह वनस्पति पौधों के टेरीडोफिया समूह की है। यह वनस्पति चमकदार और विचित्र गंध से युक्त होती है।

अब वैज्ञानिक संजीवनी के 'जीन्स' पर शोधरत हैं ताकि इसके लंबे वक्त तक और बेहद मुश्किल वातावरण में भी जिंदा रहने के गुण का पता चल सके। 'जीन' का पता खासतौर से सूखाग्रस्त इलाकों के पौधों और खेतों के लिए वरदान साबित हो सकता है।

वैद्य सुषेण द्वारा बताई गई चार बूटियों में से मृत संजीवनी बूटी सबसे महत्वपूर्ण है, क्योंकि इसके बारे में कहा जाता है कि यह व्यक्ति को मृत्युशैया से पुनः स्वस्थ कर सकती है। **संजीवनी बूटी** को अमर बूटी भी कहते हैं क्योंकि इसमें मानव शरीर की मृत कोशिकाओं को जीवित करने की क्षमता होती है। हृदयाघात, पीलिया तथा अन्य कई रोगों में संजीवनी बूटी से निर्मित औषधि प्रभावी रहती है। ये न सिर्फ पेट के रोगों में बल्कि इंसान के कद को बढ़ाने में भी फायदेमंद होती है।

संजीवनी बूटी आज स्वास्थ्य जगत में चर्चा का विषय है, विशेषकर आयुर्वेद अनुसंधान में। योग गुरु रामदेव के हरिद्वार स्थित पतंजलि योगपीठ ने संजीवनी बूटी को खोज लेने का दावा किया है। पतंजलि योग पीठ के 2 विशेषज्ञों के साथ 14 सदस्यीय टीम लंबे समय से इस बूटी की तलाश में थी। पतंजलि योग पीठ के दावे के अनुसार इस संजीवनी बूटी को उन्होंने उसी द्रोण गाँव से ढूँढा है। कई बूटियों से मिलकर संजीवनी बूटी बनती है। इसी तरह की दो बूटियों का नाम पतंजलि पीठ फेनिकमल और बियांड बता रहा है। पतंजलि पीठ के आयुर्वेज्ञानिक इस खोज को अभी अपने शोध का शुरुआती चरण बता रहे हैं।

उपसंहार

भारत में आयुर्वेद की विद्या सदियों पुरानी है जिसमें शल्य चिकित्सा तक का प्रावधान था। भयंकर से भयंकर रोगों का निदान आयुर्वेदिक चिकित्सक यानी वैद्य कर लिया करते थे। केवल नाड़ी टटोलकर रोग का पता कर लेने की क्षमता भी अद्वितीय रही है। समय के साथ आगे बढ़ते हुए हम अपनी जड़ों से कटते गए और अपने प्राचीन आयुर्विज्ञान के नियमों, निदानों और उपायों पर स्वयं प्रश्नचिह्न लगाने लगे। जहाँ यह विद्या और समुन्नत होनी चाहिए थी, अपनों ही के द्वारा काट दी जाने के कारण संजीवनी जैसी ही सूख गई है। अब आवश्यकता है कि इसे विश्वास और उपयोग के जल से सिंचित कर पुन: जीवन दिया जाए और अपने पूर्वजों पर गर्वानुभूति की जाए। इसका उपयोग लाइलाज बीमारियों के उपचार में सहायक सिद्ध हो सकेगा। उपयोग में लाए जाने योग्य पानी की कमी से जिस प्रकार वनस्पति जगत की हानि हो रही है, संभवत: उस क्षति की पूर्ति भी की जा सके।

संदर्भ ग्रंथ

1. तुलसीकृत रामचरितमानस
2. तुलसी रामायण 1008 पंक्तियों में (संक्षिप्त रामचरितमानस)
3. वेबदुनिया हिंदी, सनातन धर्म
4. जनसत्ता समाचार पत्र

5. नवभारत टाइम्स समाचार-पत्र
6. आजतक समाचार
7. हिंदी न्यूज़ ऑनलाइन पत्र
8. न्यूज़ जगतगुरु रामपाल जी वक्तव्य

मुंशी प्रेमचंद और स्त्री विमर्श

प्रेमचंद के विपुल साहित्य में से किसी एक बिंदु पर बात करना समुद्र-मंथन जैसी ही क्रिया है। उसमें से एक बूँद भी निकाल लेना बहुत महत्त्व की बात है। प्रेमचंद का साहित्य मात्र साहित्य नहीं, कथा जगत का विश्वविद्यालय है। इसे पढ़-पढ़कर न जाने कितने ही लेखकों ने कलम पकड़नी सीखी। साहित्य की तो बात ही क्या यदि सामाजिक ज्ञान का विद्यार्थी भी उनके समस्त साहित्य को पढ़ ले तो आश्चर्यजनक रूप से समृद्ध हो जाए।

प्रेमचंद के अनुसार साहित्य 'सत्य' का वाहक होता है। साहित्य में यह गुण तब आता है जब उसमें जीवन सापेक्ष सच्चाई और संवेदनाएँ समाहित होती हैं। स्त्री-चित्रण के संबंध में यही सत्य स्थान-स्थान पर अभिव्यक्ति पाता है। प्रेमचंद ही के शब्दों में 'जीवन की आलोचना' साहित्य है। तत्कालीन जीवन की वे कदम-कदम पर स्त्री की स्थिति के विषय में आलोचना करते हैं और पाठक को उसके लिए समाधान प्रस्तुत करने को प्रेरित करते हैं। उनका मत था कि जो साहित्य केवल शृंगारिक भावनाओं तक ही सीमित रहता है, जिसमें जीवन की कठिनाइयों से पलायन ही काम्य होता है, यह कभी भी पूर्ण रूप से हमारे विचार और भाव संबंधी आवश्यकताओं की पूर्ति नहीं कर सकता।

कवि बिहारी का दोहा मुझे यहाँ उद्धृत करना बहुत उपयुक्त जान पड़ता है-

नहिं परागु नहिं मधुर मधु, नहिं बिकासु इहिं काल।
अली कली ही सौं बंध्यौ, आगैं कौन हवाल॥

इसी प्रकार प्रेमचंद जी भी भारतीय सामंती जीवन के भोग-विलास में डूबे हुए साहित्य को देख दुखित थे। उनका मानना था कि जिस समाज में साहित्य ऐसी भावनाओं में ही गुम हो, उस जाति का पतन हो गया समझो। मैं यहाँ कवि शैलेंद्र की विचारधारा का भी उल्लेख आवश्यक समझती हूँ। वह क्षण पीढ़ियों तक संततियों तक साहित्यकारों द्वारा स्मरण रखा जाना चाहिए, जब वे अपने एक गीत में संगीत-निर्देशक के अनुसार परिवर्तन करने से मना करते हैं और कहते हैं कि- रुचि की आड़ में हमें उथलेपन को नहीं थोपना चाहिए। पाठक की रुचियों का परिष्कार करना भी साहित्यकार का कर्त्तव्य है। साहित्य का उद्देश्य नीति-शास्त्र से भिन्न नहीं है। उपदेशों के स्थान पर संवेदनाएँ मानव मन और बुद्धि को प्रभावित करने की सामर्थ्य अधिक रखती हैं। साहित्य हमारी सुरुचि को जागृत करने वाला होना चाहिए जो आध्यात्मिक और मानसिक तृप्ति प्रदान करता हो, और मनुष्य में शक्ति, गति, संकल्प, कठिनाइयों पर विजय पाने की दृढ़ता और सौंदर्य-बोध पैदा करता हो।

प्रेमचंद का समस्त साहित्य उपन्यास और कहानी विधा में है। इसके अतिरिक्त उन्होंने नाटक, आलेख, सम्पादकीय, जीवनी, पत्र, बाल साहित्य तथा अनूदित साहित्य भी लिखा। यहाँ हम मुख्यत: उनके उपन्यासों पर चर्चा करेंगे और कुछ कहानियों पर भी। प्रेमचंद जी ने उर्दू और हिंदी दोनों में उपन्यास लिखे। सेवासदन उनका पहला हिंदी उपन्यास था। जो उर्दू में 'बजारे हुस्न' नाम से स्वयं उन्होंने पहले लिखा था। प्रेमाश्रम और रंगभूमि भी उर्दू में लिखे गए फिर हिंदी में। सीधा हिंदी में पहले लिखा जाने वाला उपन्यास 'कायाकल्प' है। उनके अन्य उपन्यास -निर्मला, गबन, कर्मभूमि, गोदान आदि हैं। उर्दू से हिंदी में अनुवाद कर वे वरदान, प्रतिज्ञा, प्रेमा को भी हिंदी साहित्य में लाए। 'मंगलसूत्र' उनका अंतिम उपन्यास है जो अधूरा भी छूट गया और उनकी मरणोपरांत प्रकाशित हुआ।

उनके लेखन द्वारा पाठक, पात्रों के मनोजगत में प्रवेश करने के अवसर पाता है। किसानों, मज़दूरों, दलितों, स्त्रियों, वेश्याओं के प्रति गहरी सहानुभूति उनके उपन्यासों में मिलती है। प्रेमचंद से पहले मध्यवर्ग, साहित्यकारों की कलम को छू नहीं पाया था। प्रेमचंद ने उन्हें अपने कथ्य में शामिल किया। मध्यवर्गीय अंतर्विरोधों पर मुंशी प्रेमचंद ने ही प्रकाश डाला। जितना सजीव उनका मध्य वर्ग का चित्रांकन है उतना ही अद्वितीय ग्रामीण-जीवन का चित्रण है।

उनके साहित्य में गहरी पैठ बनाए स्त्री विमर्श रूढ़ हो चुकी मान्यताओं के प्रति असंतोष व उससे मुक्ति का स्वर है। पितृसत्तात्मक समाज के दोहरे नैतिक मापदंड, मूल्यों व अंतर्विरोधों को समझने व पहचानने की गहरी अंतर्दृष्टि है। विश्व चिंतन में यह एक नई बहस को जन्म देता है।

'प्रेमाश्रम' उपन्यास में उन्होंने ब्रिटिश औपनिवेशिक शासन के अंतर्गत, किसानों और ज़मींदारों के संबंधों को दर्शाया है। आर्थिक शोषण, मानवीय मूल्यों का हनन, अधिकारों की उपेक्षा, दमन की नीति, यह सब साहूकार और महाजन समुदाय द्वारा प्रशासन तंत्र करवा रहा था। इसी शोषण नीति से पैदा हुई किसानों की निर्धनता, दयनीय स्थिति व अमानवीय परिस्थिति का यथार्थ और सजीव चित्रण वे अन्य उपन्यास- रंगभूमि, कायाकल्प, कर्मभूमि, गोदान में भी करते हैं।

भारतीय जीवन के यथार्थ का एक महत्त्वपूर्ण पक्ष समाज और परिवार में नारी की स्थिति है। भारतीय नवजागरण नारी की परम्परागत स्थिति में सुधार से अभिन्न रूप से जुड़ा हुआ है। यह वह समय था जब मध्य वर्ग और उच्च वर्ग की नारी दासता की शिकार थी। पारिवारिक सम्पत्ति में उसका कोई अधिकार न था और न ही वह स्वतंत्र रूप से अपनी जीविका अर्जित करने में ही सक्षम थी। शिक्षा से स्त्री समाज वंचित था। स्त्री की जगह केवल घर के चूल्हे-चौके तक ही सीमित थी। उनके विवाह को दहेज जुटाना हर परिवार की समस्या थी। विवाह के पश्चात भी उनकी कोई बेहतर स्थिति नहीं थी। समाज उनके प्रति बड़े कठोर रुख को अपनाता था। अत: वे पितृगृह और पतिगृह दोनों ही स्थानों पर दोहरी कैद में रहती थीं। सामाजिक बंधन और पारंपरिक

प्रथाएँ उनके लिए गुलामी से कम न थीं। दहेज देने में असमर्थ माता-पिता अपनी बेटी का विवाह अयोग्य, निर्धन, बूढ़े और विधुरों से कर देते थे जहाँ उनका जीवन नरक से बेहतर न होता था। 'सेवासदन' और 'निर्मला' में मार्मिक रूप से इस यथार्थ का सजीव अंकन हुआ है। प्रेमचंद स्वयं कहते हैं कि "मैं उपन्यास को मानव चरित्र का चित्र मात्र समझता हूँ।"

प्रेमचंद की विचारधारा नारी की सामाजिक स्थिति से असंतुष्ट दिखाई देती है। विधवा विवाह के वे प्रबल समर्थक ही नहीं थे, स्वयं एक विधवा से विवाह कर उन्होंने समाज के सामने एक आदर्श प्रस्तुत किया था। प्रेमा उपन्यास में उन्होंने विधवा विवाह का सहानुभूतिपूर्ण चित्रण किया है। 'गोदान' में झुनिया और सिलिया के विवाह के रूप में अंतरजातीय विवाह का भी समर्थन किया है। गाँधी जी के आह्वान पर स्त्रियों ने विदेशी वस्तुओं की दुकानें, शराबघरों, सरकारी संस्थानों पर धरना दिया और और हज़ारों स्त्रियाँ जेल गईं। प्रेमचंद की पत्नी शिवरानी देवी भी जेल गईं। इसका प्रभाव उनके नारी पात्रों पर भी पड़ा है। 'गबन' की जालपा नारी जागरण का संकेत देती है। 'कर्मभूमि' की सुखदा हरिजनों के मंदिर प्रवेश आंदोलन का नेतृत्व कर जेल जाती है। सकीना, बुढ़िया पठानिन, रेणुका देवी, मुन्नी भी ब्रिटिश सरकार का विरोध कर जेल जाती हुई दिखाई देती हैं। 'गोदान' की मालती देश और समाज सेवा के हित विवाह न करने का व्रत लेती है। नैना तो जुलूस का नेतृत्व करती हुई शहीद हो जाती है। त्याग और बलिदान करती हुई नारी एक सम्मानजनक स्थिति को और जाग्रत नारी के स्वरूप को उनके उपन्यासों में प्राप्त करती है।

'यत्र नार्यस्तु पूज्यन्ते रमन्ते तत्र देवता:' मात्र कहने भर के लिए कहा गया। समाज के सारे आचार-व्यवहारगत बंधन केवल नारी पर ही आरोपित रहे। 'सेवासदन' में प्रेमचंद ने नारी पराधीनता के विभिन्न रूपों को अंकित किया है। उपन्यास सेवासदन में मध्यमवर्गीय नारी की अभिशप्त जीवन की एक पृथक कोण से करुण गाथा प्रस्तुत की है। एक प्रताड़िता और परित्यक्ता नारी किस प्रकार वेश्या बनने को मजबूर हो जाती है, इसका प्रामाणिक चित्र सेवासदन में मिलता है। इसमें उन्होंने वेश्या जीवन से सम्बद्ध समस्याओं का चित्रण किया है। वेश्यावृत्ति के मूल में तिलक-दहेज की प्रथा,

पति द्वारा पत्नी की उपेक्षा, अविश्वास और क्रूर व्यवहार, समाज की उपेक्षा और असहानुभूति को जिम्मेदार बताया है।

'प्रेमाश्रम' की स्त्री पात्र विद्या पर ध्यान दिलाना चाहूँगी। यह पतिपरायण सरल स्त्री पति ज्ञानशंकर को भी सरलता के मार्ग पर चलने को उद्यत करती रहती है। पति के दुर्गुणों को अनदेखा कर केवल सद्गुण तलाशने का प्रयत्न करती है। जब तक उसका मोहपाश टूटता है, बहुत देर हो चुकी होती है और वह निराशा में विषपान कर लेती है। समाज को आज आवश्यकता है ऐसी बेड़ियों में कैद स्त्रियों की आँखें खोल उन्हें सच्चाई देखने और उसका आकलन करने का सामर्थ्य प्रदान करने की।

'रंगभूमि' में अभिजात वर्ग की इंदु की विवशतापूर्ण स्थिति यह सिद्ध करती है कि स्त्री चाहे सम्पन्न वर्ग की ही क्यों न हो, दासता की जंजीरों में जकड़ी हुई है। यहाँ हिंदू मान्यताओं से ऊपर नारी की राष्ट्रवादी सोच को प्रेमचंद ने बढ़ावा दिया है। यह राजकुमारी इंदु के ही माध्यम से रेखांकित किया गया है। अंग्रेज़ों के समर्थक पति राजा महेंद्रकुमार का त्याग कर वह माता रानी जाह्नवी के पास आ जाती है।

'गबन' उपन्यास में पति की मृत्यु के बाद स्त्री पात्र रतन की दुर्दशा विधवा की असहाय स्थिति का सटीक उदाहरण है। इस उपन्यास में पाँच नारी चरित्रों जालपा, रतन, जोहरा, जग्गो और रामेश्वरी के माध्यम से प्रेमचंद ने राष्ट्रीय आंदोलन को सामाजिक प्रश्न से जोड़ा है। परिस्थितियों के अनुसार विलासिनी जालपा एक विचारशीला नारी के रूप में परिणत होती है। उस समय की स्त्रियों को प्राप्त निर्णय के न के बराबर अधिकारों को जालपा का चरित्र चुनौती देता हुआ प्रतीत होता है। इन सब में भी रामेश्वरी अपनी परम्परागत भूमिका में ही बँधी रहती है।

प्रेमचंद के नारी पात्र अपनी सामाजिक स्थिति के प्रति बेचैन हैं परंतु उनकी यह छटपटाहट उन्हें विद्रोह तक नहीं ले जाती। इसका एक कारण भी अशिक्षा और आर्थिक परतंत्रता है। प्रेमचंद स्त्री की दयनीय स्थिति के प्रति संवेदनशील होकर उनका चित्रण करते हैं परंतु वे भी नारी को उसके आदर्श रूप में ही देखते हैं। उनके पात्र मन में विद्रोह का अंकुर फूटते ही कशमकश के शिकार होकर आदर्शों की बलि चढ़ जाते

हैं। इसी को यथार्थ कहते हैं। साहित्य का कर्त्तव्य है सामाजिक यथार्थ को प्रस्तुत करना और बदलाव या सुधार को प्रेरित करना। उसे बदला हुआ दिखाकर भ्रम की स्थिति पैदा करना या ऐसा सुझाव प्रस्तुत करना जो कि उस काल की रीति के विपरीत हो, यह साहित्य का कार्य नहीं है।

इसी क्रम में उनकी स्त्री पात्र सेवासदन की शांता, प्रेमाश्रम की श्रद्धा और विद्या, रंगभूमि की इंदु, निर्मला स्वयं, कर्मभूमि की नैना आदि नारी-आदर्श के प्रतीक के रूप में रचित पात्र हैं। रंगभूमि की सोफ़िया, गबन की जालपा, कर्मभूमि की सुखदा, गोदान की मालती जैसी तेजवान और विद्रोहिणी स्त्रियाँ भी परम्परागत आदर्शों की शिकार हो जाती हैं। नारी अगर आधा नरक देखती है तो अछूत नारी पूरी तरह नरक भोगती है।

स्त्री के पक्षधर होते हुए भी आवश्यकतानुसार स्त्री के तिरिया चरित्र और कुटिलता का भी बख़ूबी चित्रण करते हैं। 'सेवासदन' में पं उमानाथ की पत्नी द्वारा परिवार की उपेक्षा, 'रंगभूमि' में ताहिर अली की विमाताओं की कपटलीला भी चित्रित है। अपने कालजयी उपन्यास 'गोदान' में वे लिखते हैं- "जब पुरुष में नारी के गुण आ जाते हैं तो वह महात्मा बन जाता है और अगर नारी में पुरुष के गुण आ जाएँ तो वह कुलटा बन जाती है"। 'गोदान' में उद्धृत ये पंक्तियाँ प्रेमचंद का नारी को देखने का संपूर्ण नज़रिया बयां करती हैं।

भारतीय नारी की दुर्भाग्यपूर्ण स्थिति प्रेमचंद को आंदोलित करती है। पत्रिका चाँद में प्रकाशित उनकी लगभग डेढ़ दर्जन कहानियों में समकालीन नारी की दयनीय नियति के सजीव चित्र उपलब्ध होते हैं। ये सभी कहानियाँ 'प्रेम प्रमोद' शीर्षक से संग्रह में भी प्रकाशित हुईं। परीक्षा, तेंतर, नैराश्य, निर्वासन, उद्धार, स्त्री और पुरुष, नरक का मार्ग, एक आँच की कसर, स्वर्ग की देवी, धिक्कार, शूद्रा आदि कहानियँ स्त्री विमर्श की दृष्टि से उल्लेखनीय हैं। नारी के प्रति प्रेमचंद की करुणा इनमें भरपूर उभर के आई है। 'ठाकुर का कुआँ' की गंगी अपने अधिकार के लिए कदम उठाने जाती है किंतु परिस्थितियों के आगे हार मान जाती है। अन्य कुछ अति प्रसिद्ध कथाएँ

हैं जो कि अपने नारी चरित्रों के कारण ही जानी जाती हैं। 'ठाकुर का कुआँ', 'पूस की रात', 'बड़े घर की बेटी', 'बूढ़ी काकी', 'दूध का दाम', 'कफ़न', इत्यादि में प्रस्तुत नारी छवि समाज में मनोवांछित गुणों की वाहक के रूप में आती है।

प्रेमचंद ने स्त्री के कई अधिकार जरूरी माने हैं। 'बेटों वाली विधवा' की दुर्दशा बेशक बेटों के ही कारण हुई हो पर 'फूलमती' की बात सर्वमान्य थी। वे स्त्री के सक्षम होने में विश्वास रखते थे। पति के होने या न होने पर भी उसके आत्मविश्वास में कोई कमी नहीं आई। वे स्त्री मन के पारखी थे। उन्होंने बेटा-बेटी में कोई फर्क नहीं माना। वे जानते थे कि घरों में फूट इसी कारण से पड़ती है। 'बेटों वाली विधवा' की फूलमती ने जिद पकड़ ली और कहा- "विवाह तो मुरारीलाल के पुत्र से ही होगा, चाहे खर्च पाँच हजार हों या दस हजार। मेरे पति की कमाई है। मैने मर-मर कर जोड़ा है। अपनी इच्छा से ही खर्च करूँगी। तुम्हीं ने मेरी कोख से जन्म नही लिया, कुमुद भी उसी कोख से जन्मी है। मेरी आँखों में तुम सब समान हो।"

प्रेमचंद अपनी रचनाओं में महिला चरित्रों को कर्म, शक्ति और साहस के क्षेत्र में पुरुष के समकक्ष प्रस्तुत करते हैं पर महिला की नैसर्गिक अस्मिता, गरिमा और कोमलता को वे क्षीण नहीं होने देते।

स्त्री सहभागिता कदम-कदम पर दिखाई देती है। वे स्त्री अधिकारों की बात करते हैं। स्त्री स्वातंत्र्य की बात करते हैं। स्त्री-पुरुष समानता की बात करते हैं। कोरी शिक्षा देना और फिर साक्षरता के आदर्शों से स्त्री को ढक देना मात्र प्रेमचंद का उद्देश्य नहीं था। वे स्त्री शिक्षा को जीवन का आवश्यक अंग मानते थे जिससे स्त्रियाँ जागरूक बनें, निर्भीक बनें, स्वयं अपनी दयनीय स्थिति पर तरस खाएँ और उचित कदम उठाएँ।

मुंशी प्रेमचंद की कलम से जो पात्र निकले वे अमर हो गए। अब उन नामों को सुनकर ऐसा नहीं लगता कि ये काल्पनिक रूप से गढ़े गए थे। यद्यपि कल्पना का आधार कभी भी निराधार या सम्पूर्णत: हवा में नहीं होता तथापि वे इतने सजीव और व्यक्तित्व की दृष्टि से इतने फैले हुए होते हैं कि हर मनुष्य में दिख जाते हैं। उनके नारी पात्र तो मुझे हर स्त्री में समाए हुए और हर स्त्री से निचोड़े हुए-से लगते हैं। ऐसा एक

भी स्त्री पात्र न गढ़ा गया होगा जो पढ़ लेने के बाद मस्तिष्क में घर न बना ले। फिर भी जब एक का ही उल्लेख करना ठहरा तो 'निर्मला' से मुझे सबसे अधिक आत्मीयता और लगाव अनुभव होता है। एक सीधी-सी बात तो यह है कि यह उपन्यास निर्मला के लिए ही रचा गया है और समाज में ऐसी ही कितनी निर्मलाओं का प्रतिनिधित्व करता हुआ सृजित हुआ है जिनके विवश माता-पिताओं ने अभावों के चलते अपनी बेटियों के अरमानों का खून कर उन्हें एक दुहेजु के गले मढ़कर, माता-पिता रूप में अपने कर्त्तव्यों की इतिश्री कर ली। अपने बराबर के बच्चों के संग खेलने की बजाय उनकी माँ बनकर उनका ध्यान रखना किसी कन्या के लिए कितना कष्टकारी है, यह तो निर्मला पढ़ने वाला ही जान सकता है। स्त्री-सुलभ अपनी ममता का कोष उँडेल कर कंगाल होने के बाद, तिस पर बूढ़े पति की अविश्वासी दृष्टि और निर्ममता का सामना करना क्या किसी नवयुवती के लिए सहज हो सकता है। यह सब निर्मला ने झेला। और नहीं सहन कर पाई तो उसकी चिता की अग्नि के साथ ही उसकी ग्लानि की ज्वाला शांत हो सकी। कहना न होगा ऐसी ही कितनी बालिकाओं की बलि वेदी उनका कर्त्तव्य पथ और पतिपरायणता ही हुई है। समूचे समाज को झकझोर के रख देने वाली, जैसा कि नाम से ही प्रतीत होता है, स्वच्छ मन की निर्मला के प्रति मेरी सहानुभूति और पूरे पाठक वर्ग की सहानुभूति कभी कम न होगी।

स्त्री संदर्भ में प्रेमचंद के विचार युग-प्रवर्तक रहे हैं। जैसा कि हम संत कबीर के विषय में कहते हैं कि जो धर्माधता संबंधी, धार्मिक कट्टरता और पाखंड के जो दोहे उन्होंने उस काल में लिख दिए, यदि वे आज लिखते तो कितनी ही धाराएँ उन्हें ऐसा करने से रोकतीं और वे कई बार कारागार गए होते। ऐसे ही प्रेमचंद को अपने युग का क्रांतिकारी लेखक कहा जा सकता है। स्त्री की गुलामी और उसकी स्वाधीनता का स्वर जितना मुखर उस समय में रहा उतना आज नहीं रह सकता। जैसे पीतल के बर्तन पर चाँदी की कलई चढ़ाकर उसे चमकीला प्रस्तुत कर देते हैं, आज स्त्री की वही स्थिति है। बाहर से आज़ादी का मुलम्मा चढ़ाए साधारण और सामान्य स्त्री आज भी उतनी ही गुलाम है। इसे ऐसे ही समझें कि जैसे हिंदी सिनेमा की कोई मूवी ही कभी टर्निंग प्वाइंट ले आती है। उदाहरण के तौर पर 'थ्री इडियट्स' जिसे देखकर हर माता-

पिता समाज में यह दम भरने लगे कि वे अपने बच्चों को वही पढ़ने देते हैं जिसमें बच्चे की रुचि है। घर के अंदर इसके ठीक विपरीत स्थिति बनी रहती है। हाँ, अब माताएँ इस विषय में सच्चाई के साथ जाग्रत हैं और बालकों की पसंद और रुचि को सर्वोपरि रखने में जुट जाती हैं। स्त्रियों में भी जो यह जागृति आई है वह स्त्री शिक्षा का परिणाम है। स्त्री यदि शिक्षित हो तो तीन पीढ़ियों और दो कुलों में प्राण प्रतिष्ठा होती है। प्रेमचंद शिक्षा के उद्देश्य के आधार को स्थापित करते हुए हमें समझा जाते हैं 'बड़े भाईसाहब' में- ज़ेहन के साथ आत्मगौरव की रक्षा ही शिक्षा है। तेज़ भी दौड़िए और धीरे भी... बस इसी सामंजस्य का नाम शिक्षा है। स्त्री ने जो पग अपनी प्रगति में और अन्याय न सहने के लिए उठाए हैं उसमें इसी सामंजस्य की मुख्य भूमिका है जिसका वृत्तांत प्रत्यक्ष-अप्रत्यक्ष रूप से प्रेमचंद ने स्त्री जाति को सिखाया। स्त्रियाँ साक्षर न होतीं तो कैसे यह सीख ग्रहण कर पातीं।

संदर्भ ग्रंथ

1. नेपाल जर्नल, प्रेमचन्द के उपन्यासों में स्त्री विमर्श: एक अध्ययन
2. द वायर, प्रेमचंद के साहित्य में स्त्रियां: परंपरा और प्रगतिशीलता का द्वंद्व
3. शोध शौर्यम्, प्रेमचंद की कहानियों में नारी जीवन की समस्याएँ और नवजागरण
4. कुतुब मेल दिल्ली, मुंशी प्रेमचंद के कथा -साहित्य का नारी -विमर्श
5. प्रेमचंद के साहित्य में नारी चेतना, विजय कुमारी
6. गाँव कनेक्शन, प्रेमचंद का नारीवाद और आधुनिक समाज में उसकी प्रासंगिकता

नमन सूरदास

सूर सूर तुलसी शशि, उड़गन केशव दास।
और कवि खद्योत सम, जहँ-तहँ करत प्रकास।।

संत कवि नाभादास की यह पंक्ति ही बहुत है भक्तिकालीन सगुण शाखा के महाकवि सूरदास जी का परिचय देने के लिए। कवियों में उन्हें सूर्य की उपमा दी गई है। सूर्य हमारे ग्रह के प्राणपोषक हैं और सौरमंडल के मात-पिता हैं।

संत समुदाय में गोस्वामी तुलसी दास जी अवधी में लिख रहे थे, कबीर जैसे मनमौजी घुमक्कड़ संत सधुक्कड़ी भाषा में रच रहे थे, उनकी भाषा को पंचमेल खिचड़ी भी कहा जाता है, उसी काल में सूरदास जी ने अपने काव्य में ब्रज भाषा को आधार बनाकर लिख रहे थे। यही उस समय जन समुदाय की भाषा थी। इसी के द्वारा वे जन-जन तक पहुँचे। राजस्थानी, भोजपुरी, मगही भाषा के शब्दों का भी कहीं-कहीं उनके काव्य में प्रयोग हुआ है।

सूरदास की प्रामाणिक रचनाएँ तीन हैं – सूरसागर, सूरसारावली, और साहित्य-लहरी। सूरसागर सूरदास जी की की सबसे महत्त्वपूर्ण रचना है, सूरसारावली और

साहित्य-लहरी इसी के पूरक हैं अर्थात् साहित्य जगत में इन दो ग्रंथों को सूरसागर के विस्तार अथवा प्रतिरूप के रूप में ही देखा जाता है। साहित्य-लहरी तो सूरसागर के खास अंशों का संग्रह है।

हिंदी साहित्य का विद्यार्थी प्राथमिक कक्षाओं में ही सूरदास जी और उनके महात्म्य से परिचित हो जाता है। अपने बचपन में अपनी पाठ्य पुस्तकों में हमने बहुत से सूरदास के पद पढ़े ही हैं। जैसे-

जसोदा हरि पालनैं झुलावै।
हलरावै दुलरावै मल्हावै जोइ सोइ कछु गावै॥

ये कभी न भूलने वाले पद छ: शताब्दियों से मात्र यशोदा और श्रीकृष्ण के बालपन का वर्णन ही नहीं करते, वरन् हर माता को यशोदा जैसा स्नेह उँडेलने का सामर्थ्य देते हैं। अपने उदर से जन्म न देने पर भी जो वात्सल्य यशोदा में कृष्ण के प्रति सूरदास जी ने दर्शाया है उससे यशोदा को माता से भी ऊपर का स्थान प्राप्त हुआ है कि सभी माताएँ अपनी कोख की संतान की यशोदा माँ कहलाने में गर्व का अनुभव करती हैं। देवकी के प्रेम से अधिक उनके बलिदान को याद किया जाता है तो यशोदा से माता के प्रेम की साम्यता बखानी जाती है। ये अविस्मरणीय पद सूरसागर से लिए हुए हैं। उनकी बाल क्रीड़ाओं का सूरदास जी ने अद्भुत वर्णन किया है। जैसे-

सोभित कर नवनीत लिए।
घुटुरुनि चलत रेनु तन मंडित मुख दधि लेप किए॥

हमारे भारतीय ग्रामों की सकारात्मक छवि को बनाने में ऐसे पदों का बहुत बड़ा योगदान है। गाँव के वर्णन में जहाँ धूल-धक्कड़ का तुच्छ वर्णन और निर्धनता की ही बानगी प्रस्तुत रहती है, वहाँ यह पद गोधन समृद्धि के साथ ही धूल के वैभव को भी स्थापित करता है। इसी को पढ़कर हम श्रीकृष्ण के बाल रूप की कल्पना कर पाते हैं कि वे शरीर पर धूल लिपटाए और चेहरे पर दही-मक्खन लपेटे घुटनों चल रहे हैं। यह धूल उनके बदन की कांति को शतगुणित कर आह्लादित कर रही है। मनोविज्ञान विषय

का जब कुछ अता-पता, ठिकाना न था उस काल में बाल जिज्ञासा के मनोज्ञान को किस सौष्ठव के साथ सूरदास जी ने स्थापित किया है यह देखते ही बनता है-

मैया कबहुं बढ़ैगी चोटी।
किती बेर मोहि दूध पियत भइ यह अजहूं है छोटी।।

माताएँ कैसे-कैसे बहाने बनाकर बालक को खिलाती-पिलाती हैं, उनकी इच्छाओं से इसे जोड़ उन्हें लालच देकर खिलाती हैं। है न अद्भुत? दूध पिलाना एक माता का प्रमुख कर्त्तव्य हो जाता है क्योंकि यह शिशु का प्रमुख आहार भी तो है। जब शिशु श्रीकृष्ण हों और गोपालकों के गृह में पालन हुआ हो तो क्षीर-प्रेम के पश्चात भी बालक को दूध पिलाने के लिए माँ यशोदा को क्या-क्या जतन न करने पड़े होंगे। बलदाऊ जैसी लम्बी चोटी के लिए ही बाल कृष्ण ने माँ का कहना मान दूध पीया होगा और तुरंत ही चोटी बढ़ने की अपेक्षा भी की होगी। ऐसा अलौकिक प्रेम और दृश्य अन्यत्र दुर्लभ है। सूरदास जी का यह पद भी तो न भूला होगा-

मैया मोहिं दाऊ बहुत खिझायो।
मो सों कहत मोल को लीन्हों तू जसुमति कब जायो।।

अपने बचपन की हिंदी की कक्षाओं में क्या अपने बचपन में ले जाने के लिए यह पद सारथी का कर्तव्य निभाता है। किन भाई-बहनों का बचपन में झगड़ा न होता होगा भला। याद करें तो हम सभी ने अपने छोटे भाई-बहनों से एक बार तो यह अवश्य ही कहा होगा कि तुझे मंदिर की सीढ़ियों से उठा के लाए थे या तुझे कोई हमारे दरवाज़े पर छोड़ गया था या और भी अधिक चिढ़ाना हो तो यह कि तुझे घूरे पर से उठाकर लाए थे। बचपन की सहोदर प्रतिद्वंद्विता और द्वेष भावना का इससे सुंदर दृष्टांत मिलना असंभव है। सूरदास जी के साथ ही धन्य हैं हमारी शिक्षिकाएँ जिन्होंने बड़े मनोयोग से हमें यह पढ़ाया और इन पदों से प्रेम करना सिखाया।

मैया! मैं नहिं माखन खायो।
ख्याल परै ये सखा सबै मिलि मेरैं मुख लपटायो।।

यह पद तो भूला ही नहीं जा सकता। शायद सूरदास जी का सबसे अधिक गाया जाने वाला पद यही होगा। और यही सूरदास जी के पदों की विशेषता है कि वे सभी तालबद्ध हैं। उनमें गेयता है, गीतात्मकता है। इतनी सरलता और सहजता है कि संगीत ज्ञान के बिना भी कोई भी गा सकता है।

ज्ञान से याद आया कि कहते हैं 'गुरु बिन ज्ञान न होई'। हमारे पूर्वज साहित्यकारों द्वारा दिया गया ज्ञान का भंडार तो है ही, हमारी पाँच इंद्रियाँ आँख, कान, नाक, जीभ और त्वचा भी ज्ञानेंद्रियाँ कहलाती हैं। ये हमें पल-पल का स्थायी-अस्थायी ज्ञान देती रहती हैं। हमारे नेत्र हमें दृश्य का ज्ञान देते हैं। जिन्हें दृश्य लाभ नहीं होता, उन्हें क्या हम नेत्रहीन कह सकते हैं? नहीं न! नेत्र तो मात्र चेहरे पर एक विशेष स्थान पर विशेष बनावट है। वह तो सूरदास जी की भी थी।

सूरदास जी को दृष्टिहीन कहना भी उचित नहीं, उनकी जैसी दृष्टि किसके पास होगी भला। भगवान श्रीकृष्ण के रूप का ऐसा अनोखा वर्णन तो 6 बाई 6 की दृष्टि के कविगण नहीं कर सके। उन्हें तो एक प्रकार से दिव्यदृष्टि प्राप्त थी। नेत्रज्योतिहीन ही कहना मेरे विचार से अधिक उपयुक्त होगा। सूरदास जी के द्वारा श्रीकृष्ण के चित्रात्मक वर्णन को पढ़ बहुत से वैज्ञानिक शोध करते रहे हैं कि क्या वास्तव में सूरदास जी जन्म से अंधे थे। श्रीकृष्ण के स्वरूप का वर्णन और सूरदास जी की दिव्य ज्योति पृथक शोध का विषय हैं।

4. शोध आलेख

समकालीन परिदृश्य में अणुव्रत सिद्धांतों की प्रासंगिकता

चंदा देता चक्कर नियम से, धरती के घूर्णन में नियम,

सूरज देता घोर अनुशासन, पृथक काल हैं सबके नियम।

किसी नियम को संयम के साथ पालन करना 'व्रत' कहलाता है। अतिसूक्ष्म या लघु 'अणु' कहलाता है। अंग्रेज़ी में हम इसे 'मोलीक्यूल' (molecule) के नाम से जानते हैं, यानी पदार्थ का सबसे छोटा हिस्सा। अणुव्रत भी वे सूक्ष्म नियम हैं, जिनको अपनाने से मनुष्य की मानवीयता बनी रहती है। इनका उल्लेख सांसारिक धर्म में प्रवृत्त मनुष्यों के लिए आता है। अहिंसा, सत्य, अस्तेय, ब्रह्मचर्य तथा, अपरिग्रह। इन्हीं सिद्धांतों को महारूप में साधु-संतों को अपनाने का निर्देश भी दिया गया है, तब ये महाव्रत कहलाते हैं। ये सिद्धांत जैन धर्म से आए हैं, ईसा से कई सदियों पूर्व। इनके इतिहास की चर्चा करना हमारा उद्देश्य नहीं, इन सिद्धांतों की प्रासंगिकता पर दृष्टि डाल वर्तमान में इनका पुनर्स्थापितीकरण हमारा ध्येय है।

हमने कबीर की साखियाँ और रहीम के दोहों में नीतिपरक संदेश पढ़े हुए हैं... बचपन में, जो कि आज से 600 साल पहले लिखे गए या 400 साल पहले। क्या

उनकी प्रासंगिकता कम हुई है? कदापि नहीं। वरन् आश्चर्य ही होता है कि जो हमने अनुभव किया वह कबीरदास जी इतने वर्षों पूर्व कैसे लिख गए। इसी प्रकार अणुव्रत सिद्धांत भी जीवन के मूल तत्त्वों से रचे गए हैं, प्राणियों के हितार्थ रचे गए हैं, उत्तम जीवन यापन के लिए रचे गए हैं। आज भी उतने ही प्रासंगिक हैं, जितने तब थे। यहाँ यह भी ध्यान देने योग्य है कि मानव की जीवन शैली में जिस तीव्रता से बदलाव हुआ है, उतना ही वह इन सिद्धांतों-नियमों से विलग हुआ है। उसी का विनाशकारी परिणाम बार-बार भुगता है।

अहिंसा को ही ले लें। मनुष्य के प्रति, जीव-जंतुओं के प्रति हिंसा को तो कैसे भी स्वीकारा नहीं जा सकता। किंतु मानव यह विस्मृत कर गया कि पेड़-पौधे भी सजीव हैं, यह बात हमें महान वैज्ञानिक जगदीश चंद्र बसु ने डेढ़ सौ साल पहले बता दी थी। फिर भी हम चेते नहीं और वनस्पति के प्रति अहिंसा का भाव नहीं अपनाया। उसका परिणाम है कि आज ग्लोबल वार्मिंग से जूझ रहे हैं और उसके घातक परिणामों से आतंकित हैं। यदि अहिंसा का सिद्धांत अपनाया होता तो ऐसा कदापि न होता। अब समझ आ रहा है तो लौट रहे हैं प्रकृति की ओर किंतु अपनी क्रियाओं की नैसर्गिक प्रतिक्रियाओं को निष्क्रिय अब हम नहीं कर पा रहे हैं।

'सत्य' वाचन की बात करते हैं तो इसके महत्व को कभी भी झुठलाया नहीं जा सकता। असत्य भाषण में आज मनुष्य का कोई सानी नहीं है। बढ़ते हुए मानसिक रोग के रूप में इसके परिणाम सामने आ रहे हैं। शायद आप यकीन न कर पा रहे हों। मेरा अनुभव यह कहता है – मैं मानती हूँ कि किसी का दिल दुखाना अच्छी बात नहीं। परंतु मात्र दूसरे को खुश करने के लिए असत्य वाचन भी तो उचित नहीं। किसी की प्रशंसा करने में हम चाँद-तारे तोड़ के उसके व्यक्तित्व में टाँक देते हैं। और तो और अपने बच्चों को ही हम एक आम बच्चे की बजाए उसके सिर पर राजकुमार का ताज या परी के पंख लगाकर देखते हैं और ऐसा ही उन्हें भी मानने और समझने की आदत डाल देते हैं। जब भी उनका वास्तविक दुनिया से सामना होता है, वे हीनता बोध से ग्रसित होकर डिप्रेशन में चले जाते हैं। किसी की सराहना या अनुशंसा करने में कोई हानि नहीं है, अगर वह बराबर सत्य और तथ्य की तहों से खोज के निकली हो।

क्षणभर की खुशी देते हुए असत्य के दूरगामी परिणाम अब रूप बदलकर सामने आकर मनुष्य को डरा रहे हैं।

अस्तेय का अर्थ तो वैसे होता है- चोरी न करना। वर्तमान परिदृश्य में इसकी प्रासंगिता द्विगुणित हुई है। पहले समय में शायद गरीब ही चोरी करता हो, आजकल यह भेद भी मिट गया है। चोरी के लिए केवल भौतिक वस्तुएँ ही नहीं, लोग बौद्धिक सम्पत्ति भी चुराने में हिचकिचा नहीं रहे हैं। नाम और प्रसिद्धि की भी चोरी हो रही है। इसी के परिणाम स्वरूप मानव के भीतर आतंक व्याप्त हो गया है। अविश्वास की स्थिति चहुँओर पसर गई है। इस कारण अपनापा घट रहा है। ईर्ष्या, द्वेष, प्रतिस्पर्धा बढ़ रही है। प्रतिस्पर्धा में भी इतनी कोई हानि की बात नहीं अगर उससे हम अपनी प्रगति को ही लक्षित करें, दूसरों की अवनति की आकांक्षा से बचे रहें। परंतु ईर्ष्या, द्वेष, क्रोध, लोभ, वैमनस्य अपराध को जन्म दे रहा है और वहीं मानव जाति खतरे में आ जाती है। इन सभी से बचने के लिए ‘संतोष धन’ को अपनाना अस्तेय सिद्धांत को अपनाने जैसा ही है। आज ब्रह्मचर्य की संकल्पना को मैं संयम, धैर्य और दया के भाव से जोड़ना चाहूँगी। कबीरदास जी को याद करते हुए-

धीरे-धीरे रे मना, धीरे सब कुछ होय,

माली सींचे सौ घड़ा, ऋतु आए फल होय।

हर कार्य का अपना एक समय नियत होता है। ब्रह्मचर्य वानप्रस्थ की तैयारी का समय है। वानप्रस्थ आश्रम क्यों आवश्यक माना गया था? यह विचार विनिमय का विषय है। कहा जाता है कि बरगद के नीच कुछ नहीं पनप सकता। अपने जीवन का आनंद भोग लेने के बाद वरिष्ठ या वयोवृद्ध मनुष्य को वह स्थान खाली कर नई पीढ़ी को सौंप देना चाहिए न कि उनकी राह का रोड़ा बना रहना चाहिए। लगभग हर क्षेत्र में ही हम देखते हैं कि अधिकारी अपने मातहत कर्मचारियों को आगे नहीं बढ़ने देते। बड़े कलाभिज्ञ नवोदितों को सदा हेय ही देखते रहना चाहते हैं। उनके अभिमान व अहंकार को तुष्टि मिलती है कि जब उनके जैसा बरगद गिरे, लोग कहें कि एक निर्वात

हो गया है। कोई पौधा दूर-दूर तक नहीं कि उनका स्थान ले सके। ब्रह्मचर्य को प्रोत्साहन के रूप में अपनाना आज के समाज की महति आवश्यकता है।

अपरिग्रह हमें सिखाता है कि जितना आवश्यक है, उतना ही लो, चाहे, रिश्ते हों, प्रकृति हो या धरती हो। धरती का अनावश्यक दोहन, प्राकृतिक सम्पदा का विनाश, रिश्तों में दरारें, हमें याद दिलाती हैं कि हम जमाखोर हो गए हैं। दूसरों के हिस्से का अन्न-भोजादि ही अपने मालखाने में जमा नहीं कर रहे, भावनाएँ भी आवश्यकता से अधिक जमा कर रहे हैं। क्रोध भी सूद के साथ जमा हो रहा है, शत्रुता के भाव पर तो चक्रवृद्धि ब्याज लग रहा है। जलन-कुढ़न का कोष भी सदा भरा ही रहता है। इन्हें भी उतना ही सहेजना चाहिए, जितने में मानव मानवीय स्तर से नीचे न गिरे।

मैथिली शरण गुप्त जी कहते हैं-

यही पशु प्रवृत्ति है कि आप आप ही चरे,
वही मनुष्य है जो मनुष्य के लिए मरे।

यह मुझे एक प्रकार से अणुव्रत सिद्धांतों का सार ही सुनाई दे रहा है।

5. विचार आलेख

नागरी लिपि की महत्ता

विचार-विनिमय के लिए जिस प्रकार भाषा की आवश्यकता है, उसी प्रकार उन विचारों में बसे ज्ञान को सहेजकर रखने और आने वाली पीढ़ी को हस्तांतरित करने के लिए लिपि की आवश्यकता होती है। पाषाण युग से ही इसकी महत्ता स्थापित होती है। उस समय पत्थरों पर उकेरी गई लकीरें और चित्र हमें उस काल की जानकारी देते हैं और जीवन व सामाजिक व्यवस्था को समझने में मदद करते हैं। अपने पौराणिक ग्रंथों का बखान और उन पर गर्व हम लिपि के कारण ही कर पाते हैं।

मौखिक भाषा में मुख से निकलने वाली निशेष ध्वनियों को अंकित करने वाले समस्त चिह्नों के समूह को ही लिपि कहते हैं। लिपि मात्र अक्षरमाला नहीं है। अक्षरों के अतिरिक्त संख्या और विरामबोधक अथवा भावद्योतक चिह्न भी लिपि का अभिन्न अंग होते हैं। लिपि के मुख्य भाग अक्षरमाला के मौखिक स्वरूप को हम वर्णमाला कहते हैं। जिस प्रकार पदार्थ की सबसे छोटी स्वतंत्र इकाई अणु है, भाषा की वर्ण है, तथा लिपि की सबसे छोटी इकाई अक्षर है। सबसे छोटी इकाई होने के पश्चात भी अणु कुछ परमाणुओं से मिलकर बना है तो अक्षर कुछ संरचनाओं से मिलकर बना होता है, जिसमें मुख्य बनावट, खड़ी पाई या क्षितिज से जुड़ी योजक रेखा और क्षैतिज रेखा या शिरोरेखा शामिल हैं।

सम्राट अशोक के शिलालेखों पर मिली नागरी लिपि को गुप्त लिपि या धम्मलिपि के नाम से जाना जाता था। कुछ विद्वानों का मानना है कि नगर प्रदेश की लिखित अभिव्यक्ति का माध्यम होने के कारण इसे नागरी लिपि कहा गया, वहीं कुछ अन्य विद्वानों का मत है कि गुजरात के नागर प्रदेश में ब्राह्मणों द्वारा इसका प्रयोग किए जाने से यह नागरी लिपि कहलाई है। अधिकांशत: नागरी और देवनागरी को एक ही समझ लिया जाता है। इनमें भ्रमणकारी भगिनी का-सा संबंध है जो घूमते-घूमते युवा हुई तो उत्तर में देवनागरी और पश्चिम में नंदिनागरी बन गई।

ईसा पूर्व आदिकाल से ही भारत के वैदिक ग्रंथों में प्रयुक्त लिपि को ब्राह्मी लिपि कहा जाता था और इसके निर्माण का श्रेय परमेश्वर ब्रह्मा को दिया जाना हमारी संस्कृति को दर्शाता है। ब्राह्मी लिपि जहाँ चित्रात्मकता लिए हुए है, इससे निकली नागरी लिपि ध्वन्यात्मक वैज्ञानिकता लिए हुए है। ब्राह्मी लिपि में संख्याओं के लिए एक विशेष आकृति वाले चिह्न थे। आर्यभट्ट द्वारा शून्य का आविष्कार किया गया तो नागरी लिपि ने इसका चिह्न '0' निर्धारित कर गणित और अंकगणित के क्षेत्र में क्रांति ला दी। भारत की सभी लिपियों में अन्य संख्याओं के चिह्नों में भले ही अंतर हो, किंतु शून्य '0' इसी प्रकार लिखा जाता है।

'डमरू' और 'ढक्कन' के आरंभिक 'ड' और 'ढ' व्यंजनों के प्रकारांतर अर्थात परिवर्तित रूप को प्रदर्शित करते अक्षर ड़ तथा ढ़ देवनागरी ने विकसित किए हैं। उदाहरण के लिए- गाड़ी पर मत व्यर्थ करो अपनी गाढ़ी कमाई। आगत ध्वनियों को भी देवनागरी ने उदारता से अपनाया है। अंग्रेज़ी के कॉलेज, कॉपी आदि के सही उच्चारण के लिए 'ऑ' स्वर लिखने की सहूलियत दी। उर्दू के 'क़, ख़, ग़, ज़, फ़' आदि वर्णों को स्थान देकर अपनी सहोदर भाषा का मान रखा।

अवग्रह अकार का चिह्न 'ऽ' जो ऐसा दिखता है जैसे 2 को उलटा लटका दिया गया हो, देवनागरी की देन है। यह अंग्रेज़ी के S अक्षर जैसा प्रतीत होता है। इसे स्वर संधि करते समय 'अ' के स्थान पर प्रयोग किया जाता था, जैसे- प्रथमोऽध्याय: अर्थात् प्रथम: + अध्याय:। यहाँ यह प्लुत स्वर का चिह्न बनकर प्रस्तुत हुआ है। इस प्रकार

के सूक्ष्म अंतरों को भी नागरी लिपि सरलता व सफलता से व्यक्त करती है। कालांतर में इस चिह्न का उपयोग पुकारने के भाव में स्वर को खींचने के लिए किया जाने लगा, जैसे- माॅऽऽऽ। संगीत की सरगम व अलंकारों के आरोह-अवरोह में सुर की निरंतरता को भी इसी अवग्रह चिह्न से प्रदर्शित किया जाता है। बहुधा 'ओ(ऽ)म्' लिखते समय, उच्चारण में ओ के बाद इसकी दीर्घकालिकता को दर्शाने के लिए अवग्रह का उपयोग दिखाई देता है। अवग्रह दो वर्णों के बीच श्वास विराम का भी द्योतक है।

भारत में उत्पन्न और पली-बढ़ी होने के कारण नागरी लिपि भारतीय संस्कृति की परिचायक है। नदियों को माँ के समान उदारहृदया मान, माता का दर्जा दिया गया है तो सभी नदियों के नाम स्त्रीलिंग हैं। समुद्रों को पुरुष के वर्चस्व के समान सर्वत्र व्याप्त जानकर पिता का सा मान मिला है तो उनके नाम पुल्लिंग हैं। पेड़ सभी पुरुष हैं तो बेलें व झाड़ियाँ स्त्रियाँ हैं। 'इ' व 'ई' की मात्राएँ सिर पर पल्लू लिए अक्षरों को स्त्री जाति में रख देती हैं तो 'उ' और 'ऊ' की मात्राएँ निरुद्देश्य भटकते पुरुषों की सी आकृति बनाती हैं।

देवनागरी लिपि, जिसमें 14 स्वर और 33 मूल व्यञ्जन सहित 47 प्राथमिक वर्ण हैं, दुनिया में चौथी सबसे व्यापक रूप से अपनाई जाने वाली लेखन प्रणाली है, जिसका उपयोग 120 से अधिक भाषाओं के लिए किया जा रहा है। इसमें संयुक्त अक्षरों का भी विशाल प्रावधान है जो इसकी जुड़ने की क्षमता को प्रदर्शित करती है। भारतीय भाषाओं के किसी भी शब्द या ध्वनि को देवनागरी लिपि में ज्यों का त्यों लिखा जा सकता है और फिर लिखे पाठ को 'ज्यों-का-त्यों' उच्चारण किया जा सकता है, जो कि रोमन लिपि और अन्य कई लिपियों में सम्भव नहीं है। रोमन की भाँति नागरी में न किसी अक्षर की ध्वनि 'मूक' रहती है और न ही किसी अदृश्य अक्षर को अतिरिक्त ध्वनि देने की आवश्यकता ही है।

यह कहना तो तर्कसंगत नहीं कि कंठ में उपस्थित सभी ध्वनियों का अंकन नागरी लिपि में संभव है किंतु भारतीय संस्कृति के अनुसार भारत में जन्मी, प्राचीन से प्राचीन और नवीन से नवीन, किसी भी भाषा को अधिकांशत: दर्शाने की क्षमता नागरी लिपि

में है। लगभग छठी शताब्दी से अब तक चली आ रही नागरी लिपि अपने अस्तित्व का डंका विश्व भर में बजा रही है।

में है। लगभग छठी शताब्दी से अब तक चली आ रही नागरी लिपि अपने अस्तित्व का डंका विश्व भर में बजा रही है।

यू.ए.ई. हरूफ़

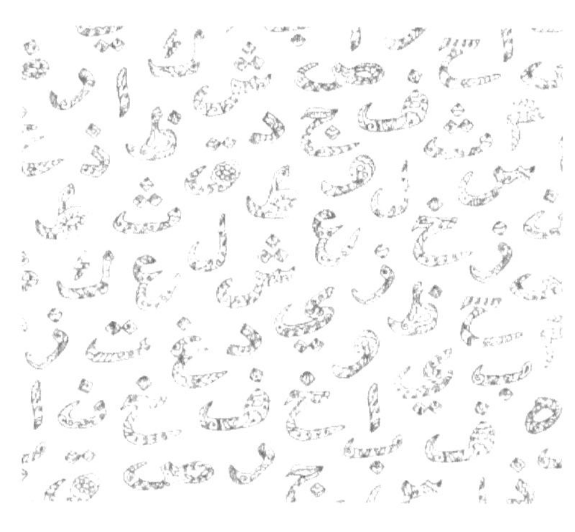

6. आलेख

यू.ए.ई. में हिंदी शिक्षण की चुनौतियाँ

अंग्रेज़ी में गल्फ़ कंट्रीज़, हिंदी में खाड़ी देश और अरबी भाषा में ‘दुआल अलखलीज’ में सम्मिलित छ: देशों में क्षेत्रफल की दृष्टि से तीसरे नम्बर पर आता है यू.ए.ई., जिसे आम जन ‘दुबई’ के नाम से भी जानते हैं। देश यू.ए.ई. प्रवास के लिए भारतीयों की व्यापक पसंद की ख्याति सन् 1971 से ही लिए हुए है। कारण है इसके सख्त कानून और उदार नीति। यहाँ रहकर विदेश में रहने का आनंद और देश से बहुत दूर न होने का संतोष, फिर कौन इसके मोह को संवरण कर पाएगा भला! कोई हवाई यात्रा कर कन्याकुमारी से दिल्ली पहुँचे, उससे पहले यू.ए.ई. का प्रवासी भारतीय, भारत पहुँच जाएगा। फिर कौन है जो इसके आकर्षण के शिकंजे से बच पाएगा?

यह देश दावा करता है कि 200 से अधिक राष्ट्रीयता वाले लोग यहाँ निवास करते हैं, विश्व कीर्तिमानों से भरे इस देश में मैं इसे अव्वल नं. का रिकॉर्ड कहूँगी। सुखद आश्चर्य यह है कि इन प्रवासियों में से सर्वाधिक भारतीय हैं। यही कारण है कि भारतीय संस्कृति यहाँ व्यापकता से फल-फूल रही है। भारतीयों की जरूरत की हर सामग्री बहुत सुविधा से न भी सही तो बहुत थोड़े-से प्रयत्न से मिल जाती है। भारतीयों

के लिए मंदिर-गुरुद्वारे हैं तो शिक्षण-संस्थान भी। भारतीय शिक्षा बोर्ड से संबद्ध अनेक विद्यालय यहाँ अपनी सेवाएँ प्रदान कर रहे हैं। सी.बी.एस.ई. और आई.सी.एस.ई. बोर्ड के कई विद्यालय हर अमीरात में हैं और भारतीय विश्वविद्यालयों की शाखाएँ मानविकी, वाणिज्य, विज्ञान आदि विषय पढ़ाने को यहाँ भी खुली हुई हैं।

भारतीय समाज की अपने संस्कृति के प्रति अक्षुण्ण श्रद्धा है। अपनी परंपराओं, संस्कारों, रीति-रिवाज़ों का खूब आसानी से हर प्रांत के लोग पालन करते हैं, शायद भारत से कुछ अधिक ही। देश के बाहर रहते हुए एक छोटा-सा भी अवसर बड़े उत्सव में ढल जाता है।

हिंदी यहाँ बोलने-सुनने की तो कोई कमी नहीं खलती है। मेरा मानना है कि अहिंदीभाषी भारतीय, बहुत हद तक स्थानीय निवासी, जिन्हें अमीराती कहा जाता है, और विदेशी देर-सवेर हिंदी में गुज़ारे लायक वार्तालाप कर लेते हैं। इस प्रकार हिंदी कोई गोपनीय भाषा नहीं है। यानी कि किसी अन्य भाषाभाषी के समक्ष आप यूँ कुछ निजी बातें नहीं कर सकते। यह सोच लेना कि यू.ए.ई. में हिंदी कोई नहीं समझेगा, एक भ्रम में जीने जैसा होगा। 2019 में अबुधाबी में न्यायालय की तीसरी अधिकारिक भाषा के रूप में हिंदी को सम्मिलित किया गया। इसका कारण था कि अधिकांश श्रमिक वर्ग में हिंदी बोलने-समझने की योग्यता का पाया जाना।

साधारण में खास बहुत है, और विशेष में आम है हिंदी,

दुबई शहर में बसे प्रवासी से, करे प्रेम अविराम है हिंदी।

यूएई में ध्वनित होती, रेडियो मोबाइल, एफ़.एम. पर हिंदी,

अरबी लोग सुविधा से बोलें, अपनापन दिखलाकर हिंदी।

पाठ्यक्रम में हिंदी- इस आलेख का मुख्य उद्देश्य है यू.ए.ई. में हिंदी शिक्षण पर विचार करना। भारतीय पाठ्यक्रम में तो हिंदी का विकल्प है ही; कृपया ध्यान दें कि विकल्प है, अनिवार्यता नहीं है। अनिवार्य है अरबी भाषा। हिंदी के साथ विदेशी भाषा फ्रेंच (फ्रांसीसी) अथवा जर्मनी का विकल्प है। कुछ विद्यालयों में जनसांख्यिकी आँकड़ों को देखते हुए मलयालम, बंगला, उर्दू, तमिल, तेलुगु आदि भी द्वितीय भाषा

के विकल्प के रूप में कक्षा तीन से उपलब्ध कराई जाती हैं। कुछ अमेरिकन और ब्रितानी विद्यालयों में तृतीय भाषा के रूप में हिंदी का विकल्प इस कारण दिया जाता है कि उन स्कूलों में बहुत से भारतीय बच्चे शिक्षा ग्रहण करने आते हैं।

भारतीय पाठ्यक्रम को पढ़ने वाले ये भारतीय बच्चे 25% हिंदीभाषी होते हैं। गुजराती, मराठी, बंगाली आदि ये भाषाएँ बोलने वाले भी हिंदी विषय को प्रेम से अपनाते हैं। दक्षिण से आए दूसरी पीढ़ी के बालक जिनका प्रतिशत कक्षाओं में 50 का होता है, अगर हिंदी विषय चुनते हैं तो उन्हें दो भाषाओं की भिन्नताओं और विषमताओं को अपनाने में बहुत समय लगता है। उच्चारण से लेकर, लिंग-वचन के प्रयोग को सीखते-सीखते जब तक वे हिंदी को सहजता से अपनाने योग्य बनते हैं, हिंदी उनके पाठ्यक्रम से सदा के लिए लोप हो चुकी होती है। जी हाँ, कहने का तात्पर्य है कि केवल दसवीं कक्षा तक ही हिंदी विषय पढ़ने का प्रावधान यू.ए.ई. के विद्यालयों में देखा गया है।

यहाँ का हिंदीभाषी भारतीय समाज भी हिंदी के प्रति कोई विशेष प्रयत्न करता तो नहीं दिखता। हिंदी तो हमें आती है तो स्कूल में बच्चे को फ्रेंच या जर्मन भाषा पढ़वा ली जाए। इस विचार को सुन-सुनकर अब तो हृदय ने व्यथित होना भी बंद कर दिया है।

हिंदी उच्चारण- जब तक मैं दिल्ली में शिक्षिका थी, लगभग 8 वर्ष, बहुत-सा व्याकरण पढ़ने और पढ़ाने के बाद भी अल्पप्राण और महाप्राण व्यंजनों की संकल्पना से पूरी तरह अनभिज्ञ थी। वर्णों का वर्गों में वर्गीकरण संधि के लिए आवश्यक ज्ञान था, उच्चारण स्थान के आधार पर स्पर्श, अंतस्थ, ऊष्म यह वर्गीकरण भी सिखाती थी। जब मैंने दुबई में पढ़ाने का कार्य शुरु किया तो झंडे को जंडे सुना और गर/घर और कर/खर सब गड्डमड्ड हुआ मिला। छात्र तो 'चात्र' हो जाते और चौथी कक्षा बोलना सिखाना तो गुनाह ही है। अब हम चाहे हिंदी के कितने भी बड़े विशेषज्ञ हो लें इस बात को स्वीकारने में कोई लज्जा नहीं कि इन छात्रों को कैसे यह अंतर सिखलाना है यह हमारे स्कूल की हिंदी विभाग की अध्यक्षा श्रीमती जयश्री

गोपालाकृष्णा ने सिखलाया। वे मूलत: कर्नाटक निवासी थीं और ओमान देश में हिंदी पढ़ाने का अनुभव लिए हुए थीं। अल्पप्राण और महाप्राण अक्षरों का ज्ञान उनसे ही मिला। तब उस बोध की सहायता से यह समस्या कुछ हद तक हल हो सकी। वर्ना सदियों से चला आ रहा अपना तरीका तो यही होता है न कि शुद्ध उच्चारण से शुद्ध दोषरहित लिखना सिखाया जाए। यहाँ यह तकनीक बिलकुल निष्फल थी।

एक कारण और भी है कि शुद्ध उच्चारण सिखाने में जो बाधक बनता है वह है छात्रों द्वारा इधर-उधर टूटी-फूटी हिंदी से दो-चार होना। बहुत से पाकिस्तानी भाई टैक्सी और बस ड्राइवर हैं, अफ़गानी कामगर श्रमिक हैं, बहुत-से बांग्लादेशी चतुर्थ श्रेणी के कामगार हैं, नेपाली नागरिक यहाँ सेल्समैन की भूमिका में हैं और श्रीलंका की स्त्रियाँ घरेलू कार्य की सहायक हैं। जहाँ इनसे बात-चीत के कारण बालकों की हिंदी से हिचक खुलती है वहीं अशुद्ध उच्चारण व लिंग-वचन दोष मस्तिष्क में पैठ कर जड़ें जमा लेता है। जैसा उच्चारण, वैसा लेखन; यह तो हम सब ही जानते हैं।

हिंदी पुस्तकें- भाषा को सिखाने और अन्य विषयों को सिखाने की रीति व नीति एक-दूसरे से भिन्न हुआ करती है। मातृभाषा को सुनकर-बोलकर, पढ़कर-लिखकर सीखा जाता है। किसी अन्य भाषा के कौशल को अपनाते समय यह क्रम थोड़ा बदलाव चाहता है। मुख्य बात यह है कि पाठ्यक्रम के अध्यायों के अतिरिक्त पठन-पाठन की आदत का विकास छात्रों में किया जाए। यहाँ एक बड़ी भारी क्षति विद्यार्थियों को इस कारण झेलनी पड़ती है कि पुस्तक भंडारों, पुस्तकालयों और पुस्तकों की दुकानों पर हिंदी की पुस्तकें न के बराबर रखी होती हैं। तो इससे ही अनुमान लगाया जा सकता है कि विद्यार्थियों को हिंदी पढ़ाने के लिए क्या-क्या पापड़ बेलने पड़ते होंगे।

पुस्तक मेले में कोई भारत से आया हुआ प्रकाशक ही अपने स्टॉल पर 2-4 हिंदी की पुस्तकें रख ले तो रख ले। अन्यथा तो बहुत ही कम हिंदी-प्रेमी माता-पिता हैं जो कि अपने भारत दौरे के दौरान अपने बच्चों के लिए कुछ हिंदी पुस्तकें, पत्रिकाएँ ले आते हैं। बच्चों द्वारा उन्हें पढ़ लेने के बाद यदि सेकेंड हैंड वे बेची गईं हो और कोई

पुरानी पुस्तकें बेचने वाला खरीद लेता है, तो किसी दूसरे के हाथ लग जाती हैं। पुस्तकें यहाँ बहुत छान-बीन कर ही पहुँच सकती हैं। आपको अपनी पुस्तक भी किसी विक्रेता के पास रखवानी है तो मीडिया काऊंसिल से इसकी अनुमति लेनी होती है। यह बहुत कठिन व श्रमसाध्य प्रक्रिया है।

एक और भी बात पर ध्यान दिलाना चाहूँगी कि वर्ष 2004-5 तक तो लगभग यह आलम था कि पुस्तकों में से सूर-तुलसी-मीरा-रहीम के काव्य खंड के पेज फाड़ दिए जाते थे। आठवीं कक्षाओं तक तो ठीक, परंतु नौंवी-दसवीं कक्षाओं में बिना पद्य के पढ़ाने में बहुत दिक्कतें हुआ करती थीं। इस स्थिति में सुधार 2005 से आ गया है।

हिंदी शिक्षक- अब कुछ और चुनौतियों के बारे में बताऊँ तो गणित, विज्ञान के अध्यापकों की कोई कमी नहीं है। एक ढूँढो, चार मिल सकते हैं। हिंदी के दो चाहिए तो एक मिलता है, वह भी चिराग लेकन ढूँढने से। उसका बड़ा स्पष्ट-सा कारण है कि दसवीं कक्षा के आगे यू.ए.ई. के किसी भी विद्यालय में हिंदी शिक्षण का प्रावधान न होना। सभी महाविद्यालय तो विज्ञान और वाणिज्य पढ़ाने में लगे हुए हैं। फिर अभिभावक के तौर पर भी हमारी पीढ़ी कहाँ अपने बच्चों को शिक्षा में करियर बनाने के बारे में सोचती है। सभी को डॉक्टर, इंजीनियर बनना है, बन भी रहे हैं। जो नहीं बन पाते, वे गणित-विज्ञान के शिक्षक बन रहे हैं। डिग्री में हिंदी पढ़ने वाले न यहाँ विद्यार्थी हैं, न कॉलेज और उसी के अनुपात में हिंदी शिक्षक...। वीज़ा देकर भारत से शिक्षक बुलाने का सौदा बहुत खर्चीला होता है, जिससे सभी स्कूल बचते हैं। हिंदी शिक्षकों को अन्य विषयों के शिक्षकों से कमतर आँकने की भारतीय मानसिकता उन पर अन्य व्यय करने से बचती है। बहुत-से विद्यालयों में हिंदी बोलने वाला जानकर हिंदी शिक्षण पकड़ा दिया जाता है। फिर बालकों के साथ-साथ उस शिक्षक का संघर्ष भी शुरू हो जाता है।

प्रासंगिकता- पाठ्यक्रम की पुस्तकों में जो विषयवस्तु होती है, वह भारत के बालकों के सामान्य ज्ञान के अनुसार चयनित होती है। उसी विषयवस्तु को भारत के बाहर जन्मा व बड़ा हो रहा बच्चा भी पढ़ेगा, इस बात का कोई विशेष ध्यान विषय-

सामग्री चयन करते हुए नहीं रखा जाता। हिंदी की पुस्तकों में ऐसे कई पाठ हैं जिन्हें विद्यार्थियों को पढ़ाने-समझाने के लिए अध्यापकों को नाकों चने चबाने पड़ जाते हैं। जिन स्थितियों से कभी प्रवासी बालकों का सामना ही न हुआ हो, वैसी सामग्री कैसे उनके मन-मस्तिष्क पर प्रभाव छोड़ेगी और कैसे उनका चारित्रिक या सर्वांगीण विकास कर सकेगी? बालक उस सामग्री के अस्तित्व से ही पूरी तरह अपरिचित व अनभिज्ञ होते हैं। उनके जीवन में जिन बातों की कोई प्रासंगिकता ही न बची हो, ऐसी बातों को बालमन आत्मसात नहीं कर पाता, सिरे से ही नकार देता है। पाठ्यसामग्री के प्रति बालकों की अस्वीकार की स्थिति होने से वह अपने उद्देश्य में असफल रहती है। आज इस बात की भी आवश्यकता है कि देश-काल-परिस्थिति के अनुसार अध्यायों में आवश्यक परिवर्तन किया जाए जो प्रवासी बच्चों के वातावरण और ज्ञान के अनुकूल हो। कमोबेश यही स्थिति सामाजिक विज्ञान के पाठ्यक्रम की भी है।

हिंदी कार्यक्रम- विद्यालयीन स्तर पर हिंदी कार्यक्रम की बात करें तो वह कुछ प्रतियोगिताओं, भाषण, नुक्कड़ नाटक, हिंदी गायन तक सीमित है। आश्चर्य तब होता है जब हिंदी प्रतियोगिताओं में मंच संचालन अंग्रेज़ी में हो रहा हो। ऐसा हमेशा नहीं तो कभी-कभार देखने को मिल ही जाता है।

बालकों में हिंदी-प्रेम जगाने के लिए 'हिंदी दिवस-14 सितम्बर' तथा 'विश्व हिंदी दिवस-10 जनवरी' को सुविधानुसार विद्यालयों में मनाया जाता है। कौंसलावास भी इसके लिए बालकों में हिंदी विषयक प्रतिस्पर्धाएँ आयोजित करवाता है। भारतीय कौंसलावास द्वारा आयोजित काव्य गोष्ठी में हिंदी की दशा-दिशा, प्रचार-प्रसार पर चर्चा भी होती है, परंतु कार्यान्वित होने के लिए जिस माद्दे की ज़रूरत है, वह अभी दूर की कौड़ी प्रतीत होती है।

एक संस्था 'अथक चेष्टा ट्रस्ट यूनिवर्सल' का नाम भी उल्लेखनीय है। यह संस्था बालकों में हिंदी प्रेम स्थापित करने की दिशा में पिछले चार-पाँच वर्षों से काफ़ी कार्य कर रही है। विश्व हिंदी सचिवालय मॉरीशस ने जब 2021 में हिंदी दिवस को व्यापक पैमाने पर मनाने का निश्चय किया तो मुझे भी उसका हिस्सा बनने का सौभाग्य प्राप्त

हुआ। यू.ए.ई. की समन्वयक के रूप में मैंने बालकों की स्वरचित हिंदी कविता की प्रतियोगिता समस्त यू.ए.ई. में करवाई। इसमें लगभग 15 विद्यालयों के 80 बालकों ने भाग लिया। स्तरीय कविताओं को संकलित कर एक पुस्तक 'होनहार बिरवान' का निर्माण भी इसके लिए किया गया।

यूँ यहाँ पर अन्य सांस्कृतिक कार्यक्रम हिंदी में खूब होते हैं। उसका कारण हिंदी का वृहद जन समुदाय द्वारा समझ लिए जाना ही है। बोलचाल की हिंदी तो उर्दू से अधिक भिन्न है नहीं। अकसर हिंदी बोलने वाले से अन्य पूछ बैठते हैं- "आप उर्दू जानते हैं?" और हम हिंदीवाले उस घड़ी उर्दूवाले बन जाते हैं। तब मुनव्वर जी की ये पंक्ति याद आ जाती है-

लिपट जाता हूँ माँ से और मौसी मुस्कुराती है,
मैं उर्दू में ग़ज़ल कहता हूँ हिन्दी मुस्कुराती है।

यहाँ मैं कह सकती हूँ कि- मैं हिंदी की कविता पढ़ती हूँ तो उर्दू मुस्कुराती है।

हिंदी साहित्य- साहित्य में हिंदी पर अपने विचार रखूँ तो हम जैसे कई हैं जो हिंदी में रचनाएँ करते हैं। यहाँ के वातारवरण में तैयार हुए दो प्रसिद्ध नाम हैं श्रीमती पूर्णिमा वर्मन, जिन्हें राष्ट्रपति द्वारा सम्मानित किया जा चुका है। वे यहाँ से 'अभिव्यक्ति' तथा 'अनुभूति' नामक दो वेब- पत्रिकाएँ लगभग 25 वर्षों से निकाल रही हैं। दूसरा नाम है श्री कृष्ण बिहारी जी। उन्होंने 22 पुस्तकों की रचना की है और अब भारत जा बसे हैं। वे 'निकट' नामक पत्रिका प्रकाशित करते हैं। कुछेक ऐसे मंच हैं जो काव्य-गोष्ठियाँ कराते रहते हैं। ऑनलाइन एप्स से ऐसे समारोहों की खूब भरमार हो गई है। मेरी अपनी भी 24 प्रकाशित पुस्तकें आ चुकी हैं। 'अनन्य यू.ए.ई.' पत्रिका द्वारा यू.ए.ई. के वरिष्ठ रचनाकारों और बालकों की रचनाओं को प्रकाश में लाया जा रहा है। यह ऑनलाइन पत्रिका अगस्त 2022 से निकाली जा रही है। इसके लिए मैं श्री अनूप भार्गव जी की आभारी हूँ कि उन्होंने मुझे इसके संपादन का कार्यभार सौंप हिंदी की अलख जगाने का मौका दिया। और भी कई रचनाकार हैं जिनकी रचनाएँ अब पुस्तकों का रूप ले रही हैं।

हिंदी की लोकप्रियता- हिंदी सिखाने में उसकी लोकप्रियता का बहुत बड़ा हाथ है। यह स्थिति बनी है हिंदी सिनेमा के कारण। बॉलीवुड की फ़िल्में यहाँ बहुतायत में पसंद की जाती हैं। छात्र-छात्राओं को भी इससे विशेष लाभ मिलता है। हिंदी कम जानने वाला भी सिनेमा देखने जाता है और कुछ नए शब्द सीख लेता है। हिंदी न बोलने वाले भी सिनेमाई गीत बिना अटके व भटके गाते हुए देखे जा सकते हैं। हिंदी के चलचित्र न केवल भारतीयों बल्कि अमीराती लोगों में भी बहुत पोपुलर हैं। सिनेमा हॉल में कंदूरा पहने पुरुष और अबाया पहने स्त्रियाँ खूब दिखेंगी। वे भी आसानी से हिंदी सीख जाते हैं। असल में वे सिनेमा की बम्बइया भाषा को ही हिंदी मान भी लेते हैं। सिनेमा में घटिया स्तर की भाषा का प्रयोग भी इसी कारण हिंदी के लिए अहितकर सिद्ध होता है। अंत में यह अवश्य बताना चाहूँगी कि हिंदी के उपयोग से अछूता कोई नहीं है।

हिंदी के दीर्घकालीन प्रभाव का परिणाम यह है कि स्थानीय अमीराती भी हिंदी प्रयोग में लाते हैं। 'अंत भला सो सब भला' के इस विचार से और हिंदी के अध्ययन-अध्यापन की स्थिति में अपेक्षित गुणात्मक सुधार की प्रार्थना के साथ हिंदी की चुनौतियों को स्वीकार कर अपने गंतव्य की ओर हम हिंदी शिक्षक और ध्वजवाहक अग्रसर हैं।

हिंदी से संभावनाएँ- नई शिक्षा नीति के अनुपालन में कक्षा ग्यारहवीं-बारहवीं में जो मातृभाषा शिक्षा और हिंदी शिक्षा की बात कही गई है उसके लागू होने के बाद हिंदी के परिदृश्य में बहुत-सी संभावनाएँ दिखाई देती हैं। बारहवीं के बाद विद्यार्थी स्नातक में हिंदी लेना चाहें तो महाविद्यालयों और विश्वविद्यालयों को इसका विकल्प रखना होगा। इससे हिंदी में यू.ए.ई. में भी रोजगार पैदा हो सकते हैं। उच्च शिक्षा के लिए प्राध्यापकों को भी विदेश में काम करने के अवसर और अनुभव प्राप्त हो सकते हैं। इतनी शिक्षा के बाद मीडिया व्यवसाय में जानेवाले छात्र-छात्राएँ हिंदी के समाचार-पत्र तथा टी.वी. चैनल आदि भी प्रारंभ कर सकते हैं। हिंदी का आकाश अपार संभावनाओं से भरपूर है। सरकार की ओर से इस ओर ध्यान दिए जाने की

आवश्यकता है कि हिंदी पर निर्भर जीविकापोषियों को समुचित अवसर मिलें कि वे इसमें समुचित व्यवसायों को जन्म दे सकें।

7. आलेख

अपृथकनीय हिंदी-अरबी का प्रगाढ़ अंतर्संबंध

'कुर्सी'-'मेज़', 'आदमी', 'इंसान', 'उम्र', 'हाल', 'सेहत', 'ख़ैर'-'ख़बर', 'अख़बार', 'दुनिया', 'किताब', 'कलम', 'कानून', 'वक़्त', 'कमीज़', 'हिसाब', 'नसीब', 'रकम', 'माफ़ी', 'मुश्किल', 'यानी' कितने ही शब्द हम अपनी आम बोलचाल की भाषा में प्रयोग करते हैं जिन्हें हम हिंदी में इस तरह अपना चुके हैं कि यह भ्रम ही हो जाता है कि ये कदाचित हिंदी के ही हैं। उर्दू में भी इस्तेमाल में लाए जाने वाले ये सभी शब्द वास्तव में अरबी भाषा की देन हैं।

'मतलब', 'कीमत', 'लेकिन', 'व', 'मगरूर', 'मुखबिर', 'ख़तरा', 'बदला', 'तबादला', 'हवा', 'दरिया', 'कलाम', 'ग़ायब', 'हक़', 'ज़माना', 'सबूत', 'तमाम' आदि कितने ही ऐसे शब्द हमारी रोज़मर्रा की ज़िंदगी में घुल-मिल अविलग बन चुके हैं।

अरबी भाषा के इतने शब्द हिंदी और उर्दू में इतनी सरलता से स्थापित हो पाने का क्या कारण है, आइए इस पर विचार करते हैं। भारतवर्ष में हिंदी भाषा का उद्गम 10 वीं से ग्यारहवीं शताब्दी के मध्य कहीं पाया जाता है। तब से अपने विकास की यात्रा आरंभ कर हिंदी का वर्तमान रूप बहुत से उतार-चढ़ाव व ऐतिहासिक घटनाओं का परिणाम है। प्रारंभ में हिंदी का रूप 'अपभ्रंश' भाषा के शब्दों से भरा था। हिंदी के

इस रूप से विकसित होकर कई बोलियों का भी जन्म हुआ। हिंदी भाषा एक समावेशी भाषा है। इस पर बहुत-सी भाषाओं का प्रभाव है। अरबी भी उनमें से एक है। अरबी-फ़ारसी भाषा के मिलते-जुलते रूप और उनके एकसाथ घुले-मिले होने के कारण प्राय: दोनों का नाम एक साथ ही आता है। तुर्की-अरबी-फ़ारसी के समावेश से ही हिंदी भाषा में 'क़', 'ख़', 'ग़', 'ज़', 'फ़' इन पाँच नए व्यंजनों का आगमन हुआ।

भारत में अरबी भाषा का पदार्पण मुगल काल से हुआ। मुगल ईरान से भारत आए किंतु उनके पूर्वजों का मूल स्थान उज़्बेकिस्तान और तुर्कमेनिस्तान से माना जाता है। ईरान में इन दो देशों की संस्कृति का प्रभाव 7वीं शताब्दी से अपने जड़ें जमा चुका था। मुगल काल में उत्तर भारत में हिंदी का अस्तित्व अभी संघर्षरत ही था। अवधी व ब्रज भाषा आम जन की भाषा थी। मुगलों के साथ आई अरबी भाषा, जो अरबी-फ़ारसी-तुर्की भाषा का सम्मिलित रूप थी, भारत में अपना रूप बदलने लगी। अरबी भाषा के शब्द बहुतायत में हिंदी और उर्दू दोनों ही भाषाओं ने अपनाए और धीरे-धीरे आम जन की भाषाएँ बनीं।

अरबी की वर्णमाला को 'अल अबजादियाह' कहा जाता है। अरबी और हिंदी की वर्णमाला का तुलनात्मक अध्ययन यह बताता है कि कुछेक वर्णों की हिंदी से साम्यता के अतिरिक्त, अरबी में हिंदी की बहुत-सी ध्वनियाँ बिल्कुल नहीं पाई जातीं। हिंदी की समृद्ध वर्णगाला में 13 स्वर व 39 व्यंजन अर्थात् कुल 52 अक्षर हैं।

अरबी तथा फ़ारसी बहुत निकट की भाषा होते हुए भी कुछ भिन्नताएँ हैं। अरबी में जहाँ 28 अक्षर हैं वहीं फ़ारसी में 32 हैं। दोनों के लिखने का एक ही तरीका है। कॉपी के आखिरी पन्ने से पहले की ओर लिखा जाता है और हिंदी में पहले से आखिरी की ओर। अरबी लेख के लिए, इन कॉपियों पर भी नामादि लिखने की जगह पृष्ठावरण पर ही बनी होती है। साथ ही हिंदी के विपरीत इसे उर्दू के समान दाएँ से बाईं ओर लिखा जाता है। इसी कारण इन कॉपियों में हाशिया भी सीधे हाथ की ओर होता है। ज्ञातव्य है कि जब अंकगणित की बात आती है तो किसी संख्या को बाएँ से दाएँ ही लिखा व पढ़ा जाता है। अरबी में एक से दस तक अंक इस प्रकार लिखे जाते हैं-

١ ٢ ٣ ٤ ٥ ٦ ٧ ٨
٩ ١٠

हिंदी व अरबी दोनों भाषाओं में बहुत-सी विषमताएँ होने पर भी कुछ समानताएँ भी हैं। हिंदी की अक्षर-धनियाँ क, ज, त, द, न, ब, म, य, र, ल, श, स, ह अरबी भाषा में ज्यों की त्यों पाई जाती हैं। अब अगर भिन्नताएँ देखें तो स्पर्शी व्यंजनों में से मूर्धन्य व्यंजन वाले 'ट' वर्ग की पाँच ध्वनियाँ तो अरबी भाषा से सम्पूर्णतया नदारद हैं। कण्ठ्य 'क' वर्ग, तालव्य 'च' वर्ग, दन्त्य 'त' वर्ग के महाप्राण अक्षर वाली ध्वनियाँ भी नहीं पाई जातीं। ओष्ठ्य व्यंजनों में से 'प' 'भ' नहीं होते अरबी में। अंतस्थ व्यंजनों में से 'व' नहीं पाया जाता अरबी भाषा में। अरबी में छोटे उ की मात्रा के आकार का अक्षर, जिसे अरबी में 'वाव' पढ़ा जाता है, वह अंग्रेज़ी के 'W' का कार्य करता है, 'V' का नहीं। या यूँ कहें कि 'वाव' अक्षर ऊ की मात्रा लगाने के लिए इस्तेमाल होता है, स्वतंत्र व्यंजन के तौर पर नहीं।

नीचे हिंदी वर्णमाला की कुछ ध्वनियों की समानरूपी अरबी ध्वनियों पर गौर करते हैं-

क (काफ़ - ك) क़ (क़ाफ़ - ق) ख (ख़)(ख़ा - خ) ग (ग़)(ग़ैन - غ) घ ङ

च छ ज (जीम – ج) ज़ (ज़ा – ز) झ ञ

ट ठ ड ढ ण

त (ता - ت , तॉ - ط) थ, द (दाल - د) ध न (नून - ن)

प फ(फ़)(फ़ा - ف) ब (बा - ب) भ म (मीम - م)

य (या - ي) र (रा - ر) ल (लाम - ل) व (वाव – و)

श (शीन - ش) ष स (सीन - س , साद - ص) ह (हा – ح) ह (हा - ه)

अ - (अ की ध्वनि के लिए 'अलिफ़' - ا के साथ 'फतहा' का प्रयोग होता है- اَ)

आ - (अलिफ - ‍ا)

इ (इ की ध्वनि के लिए ‘अलिफ़’ - ‍ا के साथ ‘कसरा’ का प्रयोग होता है- اِ)

ई (या - ي)

उ (उ की ध्वनि के लिए ‘अलिफ़’ - ‍ا के साथ ‘दमाह’ का प्रयोग होता है- اُ)

ऊ (वाव - و)

ए – यह ऑ के समान बोला जाता है और ‘अ’ के लिए लगने वाला ‍ا चिह्न ही प्रयोग होता है।

ओ – ‘उ’ की ध्वनि के लिए प्रयुक्त अक्षर ही ‘ओ’ के लिए भी प्रयोग होता है।

ऋ ए ऐ औ अं – ये स्वर व इनकी मात्राओं का कोई प्रावधान नहीं है।

अरबी भाषा में स्वर अथवा मात्राओं को दो तरह से देखा जाता है- ‘शॉर्ट साउंड’ तथा ‘लॉन्ग साउंड’। तीन ‘शॉर्ट वॉवल’ होते हैं और तीन ही ‘लॉन्ग वॉवल’।

‘शॉर्ट वॉवल’ हैं- ‘फतहा’ – ‎َ , ‘कसरा’ –‎ِ , ‘दमहा’ –‎ُ

‘लॉन्ग वॉवल’ हैं- अलिफ – ‍ا , या – ي , वाव – و

एक बार अरबी वर्णमाला से हिंदी ध्वनियों की समानता पर भी दृष्टिपात कर लेते हैं।

अरबी अक्षर	ا	ب	تـ	ثـ	ج	ح	خ
उच्चारण	अलिफ़	बा	ता	सा	जीम	हा	ख़ा
अंग्रेज़ी ध्वनि	a	b	t	th	j	ḥ	kh

हिंदी के समकक्ष ध्वनि	अ	ब	त	स-थ के बीच की ध्वनि	ज	ह:	ख़

अरबी अक्षर	د	ذ	ر	ز	س	ش	ص
उच्चारण	दाल	द्वैल	रा	ज़ा	सीन	शीन	साद
अंग्रेज़ी ध्वनि	*d*	*dh*	*r*	*z*	*s*	*sh*	*ṣ*
हिंदी के समकक्ष ध्वनि	द	द-ध के बीच की ध्वनि	र	ज़	स (दंती स)	श	सॉ (तालव्य स)

अरबी अक्षर	ض	ط	ظ	ع	غ	ف	ق
उच्चारण	दॉद	तॉ	थ्वा	अएन	गैन	फ़ा	क़ाफ़
अंग्रेज़ी ध्वनि	*ḍ*	*ṭ*	*ẓ*	'	*gh*	*f*	*q*
हिंदी के समकक्ष ध्वनि	दॉ	त-थ के बीच	ज़ॉ	अॅय	ग़	फ़	क़

		की ध्वनि				

अरबी अक्षर	ك	ل	م	ن	ه	و	ي
उच्चारण	काफ़	लाम	मीम	नून	हा	वाव	या
अंग्रेज़ी ध्वनि	*k*	*l*	*m*	*n*	*h*	*w*	*y*
हिंदी के समकक्ष ध्वनि	क	ल	म	न	ह	व	य

अरबी के अक्षरों के तीन या चार रूप पाए जाते हैं। शब्द में अपने स्थान के अनुरूप प्रत्येक अक्षर अपना रूप बदलता है। अगर वह शब्द के आरंभ में आया है तो उसकी आकृति भिन्न होगी, अगर मध्य में आया है तो अलग रूप और अंत में इन दोनों से पृथक। कुछ-कुछ अक्षरों की मूल आकृति एकल रूप में इन तीनों रो अलग है। फिर मात्रा के साथ जुड़ जाने पर भी इनके रूप में परिवर्तन आता है। कुल मिलाकर एक अक्षर की 9-10 बनावट दिखाई दे सकती है।

शब्दों के उच्चारण के मध्य प्रवाह और विराम के लिए भी कुछ चिह्न अपनाए जाते हैं। अरबी भाषा अंगेजी कर्सिव की तरह है अर्थात् अक्षरों को जोड़-जोड़कर, शब्द लगातार एक प्रवाह में लिखा जाता है। यदि शब्द के बीच में कहीं ज़ोर डालने के लिए रुकने का नियम है तो उसे 'सुकून' के चिह्न (ْ) से अंकित किया जाता है।

अरबी भाषा में 'प' वर्ण न होने से उसका रूपांतरण कर 'ब' की तरह बोला व लिखा जाता है। महाद्वीपीय भोजन 'पिज़्ज़ा' अरबी भाषा में 'बीज़ा' कहलाता है। अमेरिकी खाने की प्रसिद्ध लड़ी 'पिज़्ज़ा हट' को अरबी भाषा में 'बीज़ा हत' लिखा जाता है। अरब देशों में खूब बिल्लियाँ होने के बावजूद भी अरबी भाषा में बिल्ली के लिए कोई अपना शब्द नहीं है, इसे 'कैत' कहा जाता है। इसी प्रकार काली-सफ़ेद धारियों वाला जानवर अरबी में भी 'जीबरा' है।

अरब देशों में प्रवासियों के नाम की अंग्रेज़ी वर्तनी को अरबी में लिप्यांतरण कर लिखा जाता है। वीरेश, अपूर्वा आदि नामों में आए 'व' अक्षर के लिए आजकल एक नए अरबी अक्षर का जन्म हुआ है। 'क़ाफ़' के ऊपर दो की बजाय तीन बिंदु लगाकर उसे 'व' पढ़ लिया जाता है। पहले व के लिए फ़ लगाया करते थे।

भारतीयों के संपर्क में कई दशकों से रहने के कारण 'रोटी' शब्द अरबी ने अपना लिया है। 'खुब्ज़' को अरबी रोटी और चपाती को 'अल-हिंदिया रोटी' कहा जाता है। हिंदी भाषा की सरलता-सहजता के कारण अरबीभाषी लोग हिंदी को शीघ्रता से अपना लेते हैं, इससे भी कुछ शब्द अरबी भाषा में घुल गए हैं। मुद्रा को 'रुपया' कहना भी आम है और स्वागत के लिए 'नमस्ते' भी। अरबी लोग पूछते हैं- 'हिंदी मालूम?' और 'हाँ' में गर्दन हिलती देख हिंदी में बात आरंभ कर देते हैं।

अरबी से हिंदी में अवतरित इन सभी शब्दों को हम दो वर्गों में विभाजित कर सकते हैं। एक, जिनके लिए कोई ठीक हिंदी अनुवाद मौजूद नहीं और दूसरे वे, जिनके लिए पर्याप्त हिंदी शब्द उपस्थित हैं। ऐसे ही कुछ अरबी शब्द कोष्ठक में हिंदी समानार्थक इस प्रकार हैं-

ग़ायब (अदृश्य), शराब (मदिरा), मौत (मृत्यु), हादसा (दुर्घटना), अक्ल (बुद्धि), अजीब (विचित्र), आईना (दर्पण), इंतजार (प्रतीक्षा), औरत (स्त्री), कुर्बानी (बलिदान/त्याग), जवाब (उत्तर), जुर्माना (दंड), तरकीब (उपाय), तरक्की (प्रगति), दंगा (संक्षोभ/विप्लव), दिमाग़ (मस्तिष्क), मदरसा (विद्यालय), अंगूर (द्राक्षी), अंदर (भीतर), अक्सर (प्रायः), अगर (यदि), अदालत (न्यायालय), अफ़सोस (शोक),

अमीर (धनवान), असली (विशुद्ध), आज़ाद (स्वतंत्र/उन्मुक्त), आराम (विश्राम), आवाज़ (ध्वनि), आशिक (प्रेमी), आसमान (गगन), आसान (सरल), आहिस्ता (मंद/धीमा), इलाज (उपचार), कम (अल्प), करीब (निकट), कलम (लेखनी), कागज़ (कागद), कानून (विधि), काफ़ी (पर्याप्त), किस्सा (उपकथा/किवदंती), कुल (सकल/योग), कोशिश (प्रयास), ख़त्म (समाप्त), खरीद (क्रय), ख़ाली (रिक्त), ख़िलाफ़ (विरुद्ध), खून (रक्त), खुद (स्वयं), खुश (प्रसन्न), गंदा (मलिन), गरम (तप्त), गरीब (निर्धन), गलत (दोषपूर्ण), आदि।

ऐसे ही चश्मा (ऐनक), चेहरा (वदन), ज़हर (विष), मकान (आलय), शादी (विवाह), हुकूमत (शासन), लेकिन (किंतु/परंतु), शुक्र (आभार), ज़ाहिर (व्यक्त/प्रकट), हासिल (प्राप्त), रूबरू (प्रत्यक्ष), मुजरिम (अपराधी), आदमी-औरत (पुरुष-स्त्री), उम्र (वय), क़िस्मत (भाग्य), क़ीमत (दाम), किताब (पुस्तक), अर्श (नभ), आखिर (अंत/अंतिम), शहीद (बलिदानी), शैतान (राक्षस), ईनाम (पुरस्कार), फ़न (कला) आदि भी हिंदी में अपना पर्याय पाते हैं।

अरबी भाषा के कुछ शब्द हिंदी में अपना रूपांतरण नहीं ला पाए। 'आलू', 'आलू बुखारा', 'कद्दू', 'जलेबी', 'हलुआ', 'शरबत', 'कोफ़्ता', 'आवारा', 'कुर्ता' आदि कुछ ऐसे शब्द हैं जो हिंदी भाषा में रच-बसकर अब आगत नहीं रहे। इसके अतिरिक्त कुछ अन्य भी शब्द हैं जिनका हिंदी तर्जुमा उतना उपयुक्त नहीं बन पड़ा है और वही अर्थ देने में असमर्थ है। उदाहरण के लिए, 'कमीज' को 'अंगरखा' कह देने से बात नहीं बनती क्योंकि अंगरखा एक विशिष्ट प्रकार का परिधान है और कमीज से उसकी बनावट की तुलना नहीं हो सकती।

'कुर्सी' को 'आसन्द' या 'मंचिका' कह देने से वह किसी की भी समझ से बाहर हो जाएगी। 'मेज़' को 'चौकी' नहीं कहा जा सकता। चौकी का एक अलग ही चित्र प्रस्तुत होता है हमारे मानस-पटल पर, जिस पर बही रखकर ज़मीन पर आसन लगाकर बैठा जाता है या आसन पर बैठ चौकी पर भोजन परोसा जाता है। कुर्सी-मेज़ का हिंदी में पर्याप्त शब्द के अभाव का कारण भी हमारी संस्कृति से जुड़ा है। पर्यावरण संरक्षण

से प्रेरित हमारी परंपरा में मूढ़ा और पीढ़ी तो होते हैं, जो बेंत से बने हुए होते हैं परंतु कुर्सी-मेज़ का चलन बाद में ही शुरु हुआ।

ऐसा ही एक और शब्द 'ख़राब' है जिसका कोई हिंदी पर्याय उपलब्ध नहीं है। विगुण या जुगुप्स कहने से ख़राब का बहुत वीभत्स रूप समझ आता है। 'गिरफ़्तार' को 'आसेध या प्रग्रहण' कहने से चित्र ही उपस्थित नहीं होता। 'दुकान' को विक्रयालय कहने से वह बात नहीं आती। 'गनीमत' शब्द का कोई हिंदी विकल्प हम नहीं पाते। 'सलाम' शब्द के साथ ही सलाम की क्रिया भी निहित है अत: इसे 'नमस्ते' से बदला नहीं जा सकता। 'नमस्ते' की अपनी एक क्रिया है जो 'सलाम' से सर्वथा भिन्न है।

अरबी भाषा में कुछ अन्य शब्द हैं जो हिंदी-उर्दू में भिन्न अर्थ में प्रयुक्त होते आ रहे हैं। शब्द 'माफ़ी' को ही लें। अरबी में इसका अर्थ है- 'मौजूद नहीं' परंतु हिंदी व उर्दू में यह 'क्षमा' के अर्थ में लिया जाता है। अरबी भाषा के एक और शब्द 'शुर्ती' पर ध्यान दिलाना आवश्यक है। शुर्ती यहाँ पुलिस को कहा जाता है। इसी का बिगड़ा हुआ रूप 'सुर्ती' हिंदी भाषा में चालाक-चतुर स्त्री के लिए किया जाता है। संभवत: पुलिस-योग्य चालाकी और चतुराई इस अर्थ में प्रयोग के कारण रहे होंगे। इसी 'शुर्ती' से निकला हुआ 'शातिर' शब्द भी चालबाज़ी के लिए हिंदी-उर्दू में प्रयोग होता आया है।

अरबी के समान ही तुर्की भाषा के कुछ शब्द भी हमारी रोज की बोलचाल का हिस्सा हैं। बहादुर, कुर्ता, कैंची, चाकू, चम्मच, बीबी, बारूद, लाश जैसे शब्द आगत शब्द हैं। ये इस प्रकार आए और हिंदी गृह में घुस बैठे कि इनके बिना हिंदी की कल्पना बेमानी है। हिंदी-अरबी भाषा का प्रगाढ़ अंतर्संबध अपृथकनीय बन चुका है।

8. आलेख

दुबई में भारतवंशियों की युवा पीढ़ी एवं सांस्कृतिक समन्वय

युवावर्ग किसी भी स्थान पर आकर्षण का केंद्र होता है। आप पार्क में जाओ, सड़क पर देखो, बाज़ार या मॉल में देखो, या किसी भोजनालय आदि में, जहाँ भी चार युवा एकत्र होंगे, बरबस ही हमारा ध्यान वहाँ खिंचा चला जाएगा। हम उनके हाव-भाव, शारीरिक भंगिमा, पहनावे, अधीनस्थ वस्तुओं आदि से उनके बारे में तुरंत कोई धारणा बनाने लग जाते हैं। एक तरह से कहूँ तो समाज के निशाने पर सदा ही युवा वर्ग चढ़ा रहता है। इसका कारण भी है कि युवाओं को किसी भी समाज के भावी समय का दिशानिर्देशक माना जाता है। आज का युवा जिस दिशा में डग भरेगा, कल का विश्व उसी का विस्तार दिखाई देगा। अत: समाज उन्हें सदा आदर्श व्यवहार करता हुआ और सुसंस्कृत देखना चाहता है।

'युवा', इस हिंदी के शब्द को मैं अंग्रेज़ी-हिंदी में आधा-आधा बाँटकर देखती हूँ- 'यू – वाह!'

युवाओं द्वारा किए नए-नए कार्य या फिर कार्य करने की रीति देख पिछली पीढ़ी के मुख से एक बार को तो 'वाह!' निकल ही जाती है। तकनीकी युग से सामंजस्य बिठाने में उनका कोई तोड़ नहीं है चाहे उन्हें कितना भी नक्कारा, निकम्मा या अव्वल

दर्जे का आलसी घोषित कर दिया जाए। जहाँ पूर्व-युवा पीढ़ी अटक जाती है, वहाँ इनके हाथ जादू कर जाते हैं। जो कार्य समाज को कठिन या दुष्कर लगते हैं, उन सबका निपटारा युवाओं द्वारा चुटकियों में हो जाता है। यही कारण है कि चुस्ती-फुर्ती की माँग वाले व्यवसायों में युवाओं को नौकरियाँ तुलनात्मक रूप से शीघ्र प्राप्त होती हैं।

'युवा' की परिभाषा भी उसी तरह बदल रही है जैसे बंदर प्रजाति से मानव जाति में बदलाव। कानूनी तौर पर 18 की उम्र में एक किशोर युवा बन जाता है किंतु तकनीकी प्रौद्योगिकी के समान ही मानव जाति की जैविक प्रगति भी हुई है और शारीरिक वयस्कता के आरंभ की उम्र घट गई है। बालक अब किशोरावस्था में ही युवक व युवती में ढलने लगे हैं। कहीं तो उनका मस्तिष्क अभी इन बदलावों से आत्मसात करने के लिए पूर्णत: परिपक्व नहीं हुआ होता परंतु उनका शरीर उन्हें अपने वयस्क होने के भ्रमजाल में फँसा लेता है और वे बड़ों जैसा व्यवहार करने लगते हैं। बच्चों जैसी बातें उन्हें चिढ़ाने लगती हैं।

सूचनाओं का जो विस्फोट हमारे चारों तरफ हुआ है, वह वयोवृद्धों के मस्तिष्क को ही दूषित कर देता है तो कच्ची उम्र का तो क्या ही कहें। जैसे कि तेज़ाब शायद बूढ़े बरगद पर उतना असर न करे जितना कि नन्ही कोंपलों वाले छोटे पौधे पर होगा। ज्ञान के साथ अनुभव बहुत आवश्यक है और जो अपनी गति से आता है। उसका कोई क्रैश कोर्स नहीं होता कि उसे शीघ्रता से हासिल कर लिया जाए। इस तेज़ी से भागती दुनिया में वही अपवादस्वरूप सबसे धीमी रफ़्तार से आता है। जेट विमान पर सवार युवाओं की आवश्यकताओं का संगी अनुभव आज भी बैलागाड़ी पर ही सवार रहता है।

फसल पकने के बाद उसे आहार में प्रयोग करने से पहले उसके बीजों को सुरक्षित रखकर जिस तरह उसकी प्रजाति को विलुप्त होने से बचाया जाता है, वैसे ही संस्कृति के बीज भी बालक मन में बोकर ही युवा पीढ़ी को तैयार किया जाता है। अचानक से किसी युवा को संस्कारी-सुसंस्कृत नहीं बनाया जा सकता। आज युवाओं में कहीं तो दिशाहीनता भी दिखती है कहीं ये बहुत लगन और कर्मनिष्ठा से अपने लक्ष्य पर ध्यान

केंद्रित किए दिखाई देते हैं। कहीं ये अड़ियल बन मनमानी करते हैं तो कहीं आज्ञाकारी बन आदेशों का पालन करते हैं। विविधता पी परिभाषा इनके लक्षणों से स्वत: अभिनीत हो जाती हैं।

ऐसा हर देश मे होता है, प्रत्येक काल में होता है, हर तरह के समाज में होता है। मनस की यह सोच इस बात से बहुत कम ही वास्ता रखती है कि वे कहाँ पोषित हो रही है। फिर आजकल सभी दूरियाँ तो सिमट गई हैं। आज हमें दूरियों के पैमाने बदलने की आवश्यकता हो गई है। जैसे इंडोनेशिया में मुद्रास्फीति के चलते कई ज़ीरो हटाकर उसकी कीमत बदल दी जाती है। ठीक उसी प्रकार किलोमीटर को अब सेंटीमीटर के बराबर मानकर दूरियाँ देखी जानी चाहिए। धरती के एक सिरे पर बैठा हुआ युवा दूसरे सिरे पर बैठे मनुष्य, घटना या वस्तु से उतना ही रोमांचित या चलायमान हो सकता है जितना कि उसी स्थान पर उपस्थित व्यक्ति। अत: एक जैसी सोच के युवा हर जगह मिलेंगे और किसी स्थान पर भी भिन्न सोच वाले सदा मौजूद रहेंगे।

अब हम दुबई की बात करें तो हर तरह का युवा वर्ग यहाँ है। यहाँ मैं यू.ए.ई. न कहकर दुबई के बारे में ही बात करूँगी क्योंकि जो चमक-दमक विश्वभर में दुबई के नाम के साथ चिपकी है, वह पूरे देश का दृश्य नहीं है। अन्य छ: अमीरातों की अपनी-अपनी अलग-अलग विशेषताएँ हैं, अलग संस्कृति है, अलग वातावरण है और भारतीयों की उपस्थिति का अनुपात भी अलग है। और वैसा ही वहाँ रहनेवाले युवाओं के व्यवहार-आचार भी हैं। पिछले 22 सालों से दुबई में रहते मैंने इस अमीरात की धड़कनों को निकट से सुना है, अपने आस-पास ही महसूस किया है।

युवा वर्ग में अधिकांशत: मध्यम वर्गीय या व्यापारी वर्ग के नवयौवन का मैं पहले आकलन करूँगी। न्यूनतम तनख्वाह दिरहम 5000 के दायरे में जो कामकाजी आते हैं, वे ही परिवार रख पाते हैं। अपनी मौलिक सांस्कृतिक भूमि से दूर होने के कारण हम उनमें वे संस्कार पिरोने की कोशिश करते हैं ताकि वे अपनी जड़ों से जुड़े रहें। सभी त्योहार बड़ों के साथ युवा भी मनाते हैं। होली, दीवाली, गणेश चतुर्थी, नवदुर्गा, गुरुपर्ब इत्यादि। गुरुद्वारों में आने वाले सिख समाज का व्यवहार तो अनुकरणीय ही

है। किशोर कन्याएँ भी सलवार कमीज़ पहनकर सिर को पल्लू से ढककर माथा टिकाते हैं।

बाज़ार में अपने तीज-त्योहार मनाने के लिए सभी वस्तुएँ अब उपलब्ध हैं। हाँ, एक समय था, जब हमें कोई वैकल्पिक वस्तु से काम चलाना होता था। रामायण-गीता मिलती है मंदिर के पास और अब तो ऑनलाइन कक्षाओं द्वारा सांस्कृतिक व्यवहार को सीखने का लाभ भी है।

घर-परिवार या समुदाय के साथ ही विद्यालयों की भी भारतीय संस्कृति को रोपने में बराबर का हाथ है। बालक जब तक स्कूल में होते हैं, रमादान के महीने में विद्यालयों में उत्सव मनाते हैं, ज़कात के दान द्वारा सामाजिक विभिन्नता के अर्थ से दो-चार होते हैं और सामाजिक उत्तरदायित्व से भी। शाम को 'इफ़्तार' की मिलन-दावत में भारतीय युवा भी सम्मिलित होते हैं और प्रात:काल में 'सुहुर' की इबादत में भी। ईद तथा राष्ट्रीय पर्व पर भी कंदूरा पहनकर सांस्कृतिक समन्वय का परिचय देते हैं। वे आनंद से अरबी संगीत सीखते हैं, भाषा पर अधिकार न भी जमा हुआ हो तो भी सब बच्चे 'ईशी बिलैदी अशा इताहिदु' ज़ोर-ज़ोर से गाते हैं। 'इमाराती इमाराती, अना अल इमाराती' गाते हुए सयाने बच्चे बहुत प्यारे लगते हैं। और अरबी युवा तो हमारे संस्कारों से बहुत प्रभावित हैं ही। 'नमस्ते' शब्द का इस्तेमाल करने से वे हिचकते नहीं। और किसी को बुलाने के लिए हमारा अपना एकमात्र सम्बोधन 'भैया' भी बहुत प्रचलित हुआ है।

मदिरा आदि के लिए यहाँ लाइसेंस की आवश्यकता होने से नवयुवाओं को इससे बचाए रखने में मदद मिलती है फिर भी अतिक्रमण की संभावना से पूरी तरह इंकार नहीं किया जा सकता। युवाओं के अपने संस्कार ही उन्हें बुरी आदतों से बचाए रख सकते हैं। नशीले पदार्शों के सेवन पर कड़ी सज़ा का प्रविधान है। आश्चर्य है कि फिर भी यदा-कदा ऐसी घटनाएँ व समाचार मिलते रहते हैं। स्त्रियों के प्रति अपराध की घटनाएँ भी दुनियाभर की तुलना में बहुत कम ही हैं।

डिप्रेशन के शिकार बच्चे भी हो रहे हैं, युवा भी और अधेड़ भी। अधेड़ों को अकेलापन खाए जा रहा है तो वयस्कों को काम के प्रदर्शन की माँगें और अतिरिक्त दबाव। कामकाजी माता-पिता के होने से बालक नौकरों के हवाले रहते हैं या अकेले। जो आज़ादी मिलती है जिसका अनुचित लाभ वे जाने-अनजाने उठा रहे होते हैं। गलत-सही की समझ ही विकसित नहीं होने पाती।

अब अगर हम व्यवसायी या धनाढ्य घरों के युवाओं की बात करें तो वे घर में कम और बाहर अधिक पाए जाते हैं। सभी अपव्ययी व्यसन उनमें ऐसे ही मिलेंगे जैसे भूमंडल के किसी अन्य हिस्से में। ऐश-ओ-आराम से भरा जीवन, आलीशान कारें, कारों से भी कीमती दुपहिया बाइक, अत्याधुनिक उपकरण, ब्रांडेड वेश-भूषा, महँगे व्यसन, यह सब उनके जीवन का अभिन्न अंग है। पैसे की इन्हें रत्ती भर भी परवाह नहीं, फ़िज़ूलखर्ची इनका शौक है तो ऐब ही दिखावा है।

मेहनत का गुण तो मध्य-वर्ग के युवाओं से भी नदारद ही है। बहुत कम ही युवा ऐसे मिलेंगे जिन्होंने आई.आई.टी. या नीट उत्तीर्ण कर उच्च शिक्षा में घुसपैठ की हो। अधिकतर एन.आर.आई. कोटा से ही भारत के विश्वविद्यालयों में दाखिला पाते हैं या पिता के खज़ाने के बल पर पाश्चात्य देशों में प्रवेश लेते हैं। भारत में जिन समस्याओं से युवाओं को दो-चार होना पड़ता है, वह उन्हें स्ट्रीट-स्मार्ट बना देती है, यह कला प्रवासी युवाओं गें न के बराबर पाई जारी है। दो जहान का ज्ञान भरपूर होता है परंतु अनुभव कम होता है। प्रारंभ से ही युवाओं को सँवारने और ऐसे गुण सिखाने की आवश्यकता है।

बिगड़े दिल शहज़ादे भी हैं तो सच्ची लगन वाले कर्मठ युवा बालक भी दुबई में सैंकड़ों हैं। अपनी दक्षता के क्षेत्र में जिन्होंने अपने कौशल से नाम कमाया है, ऐसे अनेक बालकों को मैं निजी तौर पर जानती हूँ। पी.एम. चिन्मय, सुरभि अगाशे, सुचेता सतीश, सहर पहाड़े, विजया झा, सागरिका मेहता, आशिका सिंह, त्विशा नेगाँधी जैसे नवयुवकों का व्यक्तित्व अनुकरणीय है। इन्होंने अपनी प्रतिभा, दत्तचित्त एकाग्रता, कौशल और कर्मनिष्ठा के बल पर अपना लोहा मनवाया है।

दुबई में एक युवा वर्ग और भी है जिनके बारे में उल्लेख न करना अन्याय के समान होगा। ये युवा, मज़दूर वर्ग या डिलीवरी बॉय के रूप में हर जगह छाए हुए हैं। इनका जीवन पहले ही अभावों से भरा है तो नशे आदि के बारे में सोचना बेमानी है। प्रति रविवार अवकाश होने से मंदिर व गुरुद्वारे के आस-पास यह वर्ग भारी संख्या में घूमते हुए इस दिन देखे जा सकते हैं। पार्कों आदि में भी इनकी संख्या उस दिन अधिक होती है।

अपने खाली समय में या छुट्टी के दिन वे मैदानों में या खाली पड़े पार्किंग स्थान में क्रिकेट खेलते हुए देखे जा सकते हैं। उनकी सामर्थ्य परिवार रखने की नहीं होती, न ही कानूनी अधिकार होता है। आमदनी के हिसाब से यह तय होता है और उन्हें भारत या अन्य विकासशील देशों में रह रहे अपने परिवारों का पालन-पोषण करने को यहाँ कमाई गई रकम को भेजना होता है। मजबूरी और गरीबी मनुष्य का सबसे बड़ा ऐब है तो वे भी पारिवारिक समुदाय में एक खतरे की तरह ही देखे जाते हैं। समुद्र तट की लम्बी रेखा होने के कारण यहाँ बहुत-से 'बीच' विदेशी पर्यटकों के आनंद-मनोरंजन के लिए विकसित किए गए हैं। ऐसी जगहों पर एकल आदमी को प्रवेश वर्जित है तो ये लोग समुद्र तट पर कम ही मिलते हैं। कुल मिलाकर युवा वर्ग में भाँति-भाँति के लोग हैं जो परिस्थितियों व संस्कृति के अनुसार व्यवहार करते हैं।

9. रिपोर्ट

हिंदी संस्थाएँ, यू.ए.ई.

(यू.ए.ई. में हिंदी व भारतीय संस्कृति को बढ़ावा देने वाली सक्रिय संस्थाएँ)

यू.ए.ई. जैसे लघ्वाकार देश में जिस प्रकार से भारतीय संस्कृति फल-फूल रही है, उसका श्रेय प्रवासियों के प्रयासों के साथ ही बहुत-सी संस्थाओं को भी जाता है।

1. वागीश अंतरराष्ट्रीय संस्था यू.ए.ई.
2. एक्टयूनिवर्सल यू.ए.ई.
3. गुरु नानक दरबार
4. 'द न्यू भारत' वेबपोर्टल
5. ग्रंथ आपके द्वार

वागीश अंतरराष्ट्रीय संस्था यू.ए.ई.

वागीश अंतरराष्ट्रीय संस्था यू.ए.ई. में प्रवासी भारतीय बालकों के लिए हिंदी की प्रतियोगिताएं आयोजित करती है, उन्हें पुरस्कार देकर प्रोत्साहन देती है, हिंदी की विधाएँ सिखाने के लिए कार्यशालाएँ करवाती है तथा सामाजिक हित में उत्कृष्ट

लेखन का प्रकाशन करवाती है। संस्था की संस्थापक अध्यक्ष डॉ. आरती 'लोकेश' हैं।

अपने निजी प्रयासों से वागीश ने अपने सामाजिक साहित्यिक दायित्व का निर्वहन करते हुए भारत के पाँच रचनाकारों की उत्कृष्ट पांडुलिपियों का चयन कर सहायतार्थ तथा हिंदी साहित्य को प्रोत्साहन देने के उद्देश्य से उन्हें पुस्तकाकार प्रकाशित करवाया है तथा उन्हें वागीश सम्मान से विभूषित किया है। इस प्रतियोगितात्मक परियोजना में भारत के कोने-कोने से 100 रचनाकारों ने भाग लिया।

रबींद्रनाथ टैगोर विश्वविद्यालय भोपाल के विश्वरंग महोत्सव का विश्वरंग यू.ए.ई. चैप्टर 2020 में वागीश यू.ए.ई. के सहयोग से स्थापित हुआ। इसमें प्रतिवर्ष विचार-गोष्ठियाँ, साक्षात्कार, कला-संस्कृति व साहित्य पर चर्चाएँ, पुस्तक विमोचन आदि आयोजन व महत्त्वपूर्ण कार्य हुआ। वागीश संस्था के अंतर्गत विश्वरंग यू.ए.ई. के 2022 संस्करण में पुन: जोर-शोर से काम किया गया और लघुकथा कार्यशाला, बाल साहित्य-गोष्ठी, विषय आधारित कथेतर गद्य चर्चाएँ, सामाजिक सेवा व योगकर्त्ताओं के साक्षात्कार आदि लिए गए। 2023 में यू.ए.ई. के समस्त रचनाकारों की प्रतिनिधि कविताओं का संकलन 'यू.ए.ई. की चयनित रचनाएँ' नाम से टैगोर विश्वविद्यालय से प्रकाशित हुआ। वागीश संस्था 'टैगोर अंतरराष्ट्रीय हिंदी केंद्र' तथा 'प्रवासी शोध केंद्र' के साथ जुड़कर भी सतत कार्य कर रही है।

विश्व हिंदी सचिवालय मॉरीशस के साथ 'हिंदी दिवस' 2021 के उपलक्ष्य में यू.ए.ई. के छात्र-छात्राओं के लिए हिंदी पर आधारित प्रतियोगिताएँ करवाई गईं। बालकों को उम्र के अनुसार 3 श्रेणियों में विभाजित कर पूरे यू.ए.ई. के स्कूली छात्रों की प्रतियोगिताएँ हुई। प्रत्येक वर्ग को इनाम की राशि आबंटित की गई, प्रमाण-पत्र आदि दिए गए। और सबसे बड़ी बात इसमें यह रही कि इन बालकों की स्वरचित कविताओं को संकलित कर उन्हें एक पुस्तक का रूप प्रदान किया गया, जिसका नाम है- 'होनहार बिरवान'। लगभग 45 बच्चों की कविताएँ उसमें हैं तो 6 वरिष्ठ हिंदी

प्रचारकों की भी। यह अनूठी पुस्तक बालकों द्वारा रचित यू.ए.ई. में हिंदी की पहली पुस्तक है।

संस्था के प्रयासों से 'अनन्य यू.ए.ई.' 2022 अगस्त से लेकर अब तक न्यूयॉर्क स्थित भारतीय कौंसलावास से निकाली जा रही है। इससे यू.ए.ई. के बच्चों की तथा बड़ों की रचनाओं, विशेषकर यू.ए.ई. की विशेषताओं से भरी रचनाओं को प्रकाश में लाया गया। पत्रिका के निहित प्राप्त रचनाओं को संकलित कर दो पुस्तकों 'अनन्य कृति यू.ए.ई.' तथा 'अनन्य संचय यू.ए.ई.'का प्रकाशन भी संस्था ने करवाया।

वागीश यू.ए.ई. ने 'चौपाल'के साथ मिलकर 'नवगीत' विधा पर कार्यशालाएँ करवाईं। 'लोटस ब्लूम' के साथ मिलकर हाइकु कार्यशाला हुई। 'प्रणेता साहित्यिक संस्था' के साथ लघुकथा गोष्ठी की। 'हिंदी कनेक्ट' नाम की एक नवोदित संस्था के साथ मिलकर वागीश ने स्वतंत्रता दिवस पर विद्यार्थियों के लिए स्वरचित कविता की प्रतियोगिता करवाई।

वागीश संस्था ने भारत से साहित्यिक भ्रमण हेतु दुबई पधारे 40 सदस्यों के समूह के लिए दो दिवसीय साहित्यिक संगोष्ठी, शोध-प्रस्तुति तथा सम्मान समारोह आदि का आयोजन किया। यह कार्यक्रम 'अक्षर वार्ता शोध पत्रिका' तथा 'कृष्णा बासंती शैक्षणिक व सामाजिक समिति' के तत्वावधान में सम्पन्न हुआ। तत्पश्चात 'छतीसगढ़ मित्र' के सहयोग से दुबई में साहित्यिक भ्रमण तथा 'अंतरराष्ट्रीय हिंदी उत्सव' मनाया गया। इसमें शोध-पत्र प्रस्तुति, रचना पाठ व सम्मान समारोह किया गया।

'वैश्विक हिंदी परिवार' के तत्वावधान में वागीश यू.ए.ई. ने स्थानीय बहुआयामी प्रतिभाओं को मंच प्रदान करते हुए 17 जून 2023 में कार्यक्रम आयोजित किया जिसमें यू.ए.ई. से हिंदी साहित्य में पोषित विभिन्न विधाओं और संस्कृतियों से जनसमूह को परिचित कराया गया।

'भारत उत्सव' तथा 'भारत पर्व' में संस्था के सदस्यों ने सहभागिता द्वारा हिंदी के महत्त्व को प्रतिपादित करते हुए चर्चाओं के सत्रों का आयोजन किया और महत्त्वपूर्ण हिंदी पुस्तकों की प्रदर्शनी व लोकार्पण किया गया।

अमेरिका के समूह 'हिंदी से प्यार है' के साथ संस्था का प्रारंभ से नाता है। अमेरिका की एक और संस्था 'वैश्विक हिंदी संस्थान' के साथ जुड़कर भी वागीश ने हिंदी व संस्कृति के प्रचार-प्रसार में योगदान दिया इस सहयोग से लगभग 4 पुस्तकों का निर्माण, संपादन, प्रकाशन हो गया है। अनेक काव्य -गोष्ठियाँ हो चुकी हैं और लघुकथाओं पर परिचर्चाओं व कार्यशालाओं का आयोजन हुआ है। 'एक्टयूनिवर्सल'के साथ मिलकर वागीश संस्था ने महत्त्वपूर्ण कार्य किए हैं।

एक्ट यूनिवर्सल यू.ए.ई.

सन २००६ से कार्यरत एक्ट यूनिवर्सल यू.ए.ई. हिंदी के प्रसार-प्रसार में प्रयासरत यू.ए.ई. की एक अनन्य संस्था है जिसके संस्थापक व निदेशक श्री आलोक शर्मा जी हैं। 'एक्ट यूनिवर्सल' (अथक चेष्टा ट्रस्ट यूनिवर्सल) ने बालकों का हिंदी में रुझान, क्रियात्मकता और नवीन सोच को बढ़ावा देने का अद्भुत काम किया है।

प्रारंभ से ही तीनों राष्ट्रीय पर्व, प्रेमचंद जयंती, विश्व हिंदी दिवस, सामाजिक-सांस्कृतिक पर्व; प्रत्येक राहित्यिक, सांस्कृतिक व राष्ट्रीय महत्त्व के अवसर पर न केवल यू.ए.ई. वरन अन्य खाड़ी देशों और भारतीय बच्चों के लिए प्रतियोगिताएँ, नाटक, कविता वाचन, कहानी वाचन, भाषणादि का मंच यह संस्था प्रदान करती आई है। इसके द्वारा अहिंदी भाषियों द्वारा हिंदी प्रतिभागिता को खूब सराहा गया।

इस संस्था द्वारा 'अनुशीलन' नामक समूह का गठन किया गया है जिसमें बालकों को हिंदी साहित्य से परिचय करा, उसके रसास्वादन का अवसर दिया जा रहा है। हिंदी-प्रेम को पल्लवित करने के हितार्थ यह संस्था निरंतर प्रयत्नशील है।

इस संस्था द्वारा यू.ए.ई. में पहली बार हिंदी भाषा की परीक्षा में उच्च अंक लाने वाले विद्यार्थियों को भारतीय दूतावास के सहयोग से सम्मानित किया गया तथा ऐसे 736 बालकों, उनके अध्यापकों और हिंदी को बढ़ावा देने वाले विद्यालयों, उनके शिक्षकों तथा प्रधानाचार्यों को विशिष्ट सम्मान प्रदान किया गया।

कला और संस्कृति जगत की महान हस्तियों को उनके योगदान हेतु २०१६ से प्रतिवर्ष अथक चेष्टा सम्मान तथा अथक चेष्टा गुरु सम्मान प्रदान किए जाते हैं। इसी क्रम में इस वर्ष से साहित्य और पत्रकारिता की श्रेणी में अथक चेष्टा साहित्य पुरोधा २०२४ और अथक चेष्टा पत्रकारिता पुरोधा २०२४ का आयोजन किया जाएगा।

'गुरु नानक दरबार'

'गुरु नानक दरबार' गुरुद्वारा धार्मिक के साथ-साथ सांस्कृतिक पोषण का दायित्व भी लिए हुए है। यू.ए.ई. में बसे 50 हजार की संख्या में प्रवासी सिक्ख समुदाय की सेवा तो यह करती ही है, इसमें 'गुरु ग्रंथ साहब' के पठन तथा शुद्ध उच्चारण का प्रशिक्षण भी दिया जाता है। बालकों के लिए यह निःशुल्क कक्षाओं का आयोजन करता है जिसमें तबला वादन, हारमोनियम, गुरुबाणी के गायन तथा सिक्ख संस्कृति की शिक्षा की कक्षाएँ आयोजित की जाती हैं। इसमें प्रशिक्षण देने वाले अध्यापकों को संस्था द्वारा वेतन प्रदान किया जाता है। उनके आवास-विकास का प्रबंध भी संस्था ही करती है। पंजाबी संस्कृति को यू.ए.ई. के पटल पर रखने में इस संस्था का बड़ा योगदान है।

'द न्यू भारत' वेबपोर्टल

'द न्यू भारत' वेबपोर्टल के संस्थापक श्री रवि शुक्ल 'प्रहृष्ट'हैं। बहुत थोड़े समय में इस संस्था ने अपने मजबूत कदमों व नेक इरादों से यू.ए.ई. में नाम कमाया है। इस संस्था के द्वारा हिंदी साहित्य के पुरोधाओं पर चर्चा के सत्रों का आयोजन किया जाता है। उनके साहित्य का 'आज के परिदृश्य में अवलोकन' पर विमर्श किए जाते हैं। सम्पूर्णत: विद्यार्थियों के प्रयासों से 'प्रत्यूष' नामक त्रैमासिक पत्रिका निकाली जाती

है। नवोदित तथा प्रतिष्ठित कवि-कवयित्रियों को लगातार मंच प्रदान किया जाता है और अभिव्यक्ति के अवसर दिए जाते हैं।

'ग्रंथ आपके द्वार'

'ग्रंथ आपके द्वार' हिंदी भाषा की उत्कृष्ट पुस्तकों को संयुक्त अरब अमीरात के पाठकों को उपलब्ध करने की योजना का नाम है। संयुक्त अरब अमीरात में हिंदी पुस्तकों और पुस्तकालयों की अनुपस्थिति को देखते हुए, डॉ. नितीन उपाध्ये की देख-रेख में यू.ए.ई. में चल रही यह परियोजना एक घरेलू पुस्तकालय के समान काम कर रही है जिसमें सभी सदस्य ग्रंथ पेटी की पुस्तकों को आस-पास रहने वाले पाठकों से नि:शुल्क आदान-प्रदान करते हैं। इसका प्रारंभ सात ग्रंथ पेटियों से हुआ और यह 10 से अधिक स्थानों पर कार्य कर रही है। यह हिंदी-प्रेमियों को पाठक, दानकर्त्ता तथा ग्रंथ संरक्षक; तीन रूपों में जोड़ती है।

10. आलेख

अमीराती जीवन व घटनाएँ

'छोड़ चलें कदमों के निशाँ'
स्व देश के दूत हम हैं जवाँ,
विदेश में जाएँ जहाँ-जहाँ,
निज गौरव फैलाएँ वहाँ-वहाँ।
छोड़ चलें कदमों के निशाँ'

जब बालक माँ के गर्भ से बाहर आता है, तो पहला काम रोने का करता है। अपनी माँ की गोद में आकर वह शांत हो जाता है। इसी संदर्भ में प्रवासी मन को भी देखा जा सकता है।

यू.ए.ई. नाम के रेगिस्तानी देश में हरियाली आज है। यह वही है जो हमें ऊपर से दिखाई दे रहा है। लम्बी-चौड़ी सड़कें, ऊँचे-ऊँचे फ़्लाई-ओवर, सिग्नल-फ्री रास्ते हमेशा से नहीं थे। रेगिस्तान के जहाज़ यानी ऊँट ही थे जिन्हें अरबी भाषा में 'जमल' कहा जाता है। इन मल्टीलेवल सड़कों पर 140 किलोमीटर प्रतिघंटा की गति से दौड़ती हुई ये महँगी-महँगी कारें सब बाद में ही आई हैं। जो कारें भारत में बड़े-बड़े अभिनेताओं के पास या व्यापारियों के गैराज में दिखती हैं, और वे भी उसे उचित और विशेष अवसरों पर ही इस्तेमाल करते हैं, वे यहाँ की सड़कों पर हर समय भागती

हुई मिल जाती हैं। समृद्धि की ये तसवीर कभी भ्रम में डाल देती है। और 'श्यऊँ-श्यऊँ' दौड़ती हुई तूफ़ानी कारें थमी हुए जिंदगी-सी जाम में फँसी छटपटाती बेचैन-सी भी रहती हैं। ट्रैफ़िक की समस्या दिल्ली-बंगलुरु से किसी भी सूरत में कम नहीं है।

'बुर्ज खलीफ़ा' के प्रसिद्ध देश में बंजारे और रेगिस्तान की तपती धूप में जीवन बिताने वाले गाँव भी मौजूद हैं। दूर-दूर नखलिस्तान के पास बस्तियाँ होती थीं। तभी काले लम्बे सींगों वाले हिरन जिन्हें 'अरबी ऑरिक्स' कहा जाता है, वह राष्ट्रीय पशु बना। बाज का खेल हमेशा से ही स्थानीय लोगों का प्रिय मनोरंजन रहा है। वे उसी से मन बहलाते थे। आजकल भी इसका खेल दिखाया जाता है। वह यहाँ का राष्ट्रीय पक्षी बना। 1966 में यहाँ तेल, जिसे काला सोना कहते हैं, मिला और 1971 में इस देश का निर्माण हुआ तब अमीरातीय एकता के बल पर कामगारों को अन्य देशों से बुलाकर 1972 में तेल का खनन प्रारंभ हुआ। 'दुबई क्रीक' बनी और निवास की धरती बढ़ने लगी।

खजूर के उत्पादन के लिए प्रसिद्ध देश का राष्ट्रीय वृक्ष ताड़ का पेड़ नहीं है, 'ग़ाफ़' है। यह वही भारत के राजस्थान राज्य में पाना जाने वाला 'खेजड़ी' वृक्ष है जिसका वैज्ञानिक नाम 'प्रोसोपिस सिनेरेरिया' (Prosopis cineraria) है। जांट/जांटी, सांगरी (राजस्थान), छोंकरा (उत्तर प्रदेश), जंड (पंजाबी), कांडी (सिंध), वण्णि (तमिल), शर्मी, सुमरी (गुजराती) आदि इसके स्थान-स्थान के अनुसार बदले हुए नाम हैं।

बड़े काम का हूँ मैं मित्रों, फिर भी रहूँ हमेशा मौन,

रेगिस्तान में पाया जाता, बूझो तो जानूँ, मैं कौन?

मरु प्रांत का नृप कहलाता, बंजारों के आता काम,

अमीरात का राष्ट्रीय वृक्ष मैं, हिंदी में है 'खेजड़ी' नाम।

आज जिसे हम दुबई कहते हैं 50-60 किलोमीटर का अरब की खाड़ी / फारस की खाड़ी का हिस्सा है जो अत्याधुनिक रूप से विकसित है। दुबई से दक्षिण में अबु धाबी जाते हुए बड़े-बड़े रेगिस्तान के टीले और वास्तविक अरबी जीवन देखा जा सकता है या जैसे-जैसे उत्तरी अमीरातों की तरफ़ बढ़ते हैं, वह चमक-दमक कम होती

जाती है। वीरानगी दिखाई देती है। वास्तविक अरब जीवन देखने के लिए अजमान, रस-अल-खैमाह-उम-अल-कुवैन तथा फुजैराह जाना चाहिए।

हम भी दुबई रहते हैं तो हमारी रचनाओं में भी वही झलकती है। काम के अवसर अधिक होने के कारण और विश्वप्रसिद्ध होने के कारण यहाँ अन्य अमीरातों की तुलना में महँगाई अधिक है। अधिकतर भारतीय दुबई में काम करते हैं और शारजाह या अजमान की अमीरात में रहते हैं। प्रतिदिन ट्रैफ़िक में घंटों फँसकर आना-जाना बहुत कष्टदायक है जिसकी मजबूरी है वही इस पीड़ा को समझ सकता है। सरपट भागते शहर के मध्य उसका उससे भी जीवन दूनी रफ़्तार से भागता जा रहा है और वह उसको पकड़ नहीं पा रहा है।

शिक्षा, चिकित्सा, घर अन्य अमीरातों से अधिक हैं। लगभग सभी देशों के प्रवासी बसे हुए हैं तो इस कारण दुबई की संस्कृति भी अन्य अमीरातों की अपेक्षा अंतरराष्ट्रीय स्तर की है। रहन-सहन का स्तर अच्छा दिखाई देता है। छोटे-छोटे बच्चे सोने की पाजेब पहने मिलते हैं। पर उसका कारण है- एक तो यह चलन दक्षिण भारत के लोगों में है और वे यहाँ अपने बच्चों को पहना पाते हैं। दूसरे- क्योंकि सुरक्षा की भावना यहाँ अधिक रहती है।

अरबी की बजाय यू.ए.ई. के मूल निवासी अमीराती कहलाते हैं। वे बड़े उदारदिल माने जाते हैं। अपना अनुभव बताती हूँ। जब मैं पहली बार दुबई एयरपोर्ट पर इमिग्रेशन की लाइन में लगी हुई थी तो डेढ़ साल का बेटा बार-बार गोदी से उतरकर इधर-उधर भाग रहा था। डिवाइडिंग के लिए लगी हुई रस्सी को पकड़कर झूल भी रहा था। मुझे डर था कि वहाँ इमिग्रेशन की सहायता के लिए और अनुशासन बनाए रखने के लिए तैनात पुलिसकर्मी बच्चे को सँभालने के लिए फटकार लगाएगा। किंतु उसने मुझे मेरे सामान सहित लाइन से निकाला और सबसे आगे ले जाकर खड़ा कर दिया।

यहाँ पुलिस से आतंकित नहीं होना पड़ता। वे सदा सहायता के लिए आगे रहते हैं। दुबई, शारजाह, अजमान में अगर हम सुबह के समय किसी स्कूल के आगे से निकलें तो आप देखेंगे कि पुलिस वाले स्कूली बच्चों को सड़क पार कराने के लिए

ट्रैफिक को कंट्रोल करते हैं। पुलिस जुर्माना भी तगड़ा लगाती है। पैदल चलने वाले का ध्यान वाहन चालकों को रखना होता है। कानून का यहाँ सभी पालन करते हैं, उनके अपने देश में चाहे वे उसकी भरपूर उपेक्षा करते रहे हों।

आम जनता तो इतनी चुस्त फुर्त नहीं होती परंतु पुलिस में बहुत शातिर लोग भरती रहते हैं। पुलिस को शुर्ती कहा ही जाता है। उनके कितने ही किस्से हैं कि 24 घंटे के भीतर वे बड़े से बड़े अपराधी को धर दबोचते हैं। 2016 की बात है- वाफ़ी माल के एक ज्वैलरी शोरूम चोरी इस प्रकार हुई कि ऑडी कार से शीशे की दीवार को टक्कर मारकर तोड़ा गया और सारा सामान लूट कर लुटेरे कार में सवार होकर भाग गए। 24 घंटे के अंदर ही वे पकड़े गए। ऐसे बहुत से किस्से हैं।

वैसे तो यह विश्वकीर्तिमान और विश्व भर के अजूबों का देश है, फिर भी मुझे जो चीज़ें बहुत आकर्षित करती हैं, वे हैं- गोल्ड एटीएम और ब्रैड एटीएम। दोनों की उद्देश्य एक-दूसरे के विपरीत है। अधिक पैसे वालों के लिए सोने के सिक्के खरीदने के लिए

गोल्ड एटीएम है तो गरीब के लिए बिना पैसे दिए दो 'खबूस' या 'खुब्ज़' प्राप्त करने को ब्रैड एटीएम है। इससे तीन प्रकार के खाद्य नि:शुल्क मिलते हैं।

1. अरबी फ्लैट ब्रैड, जिसे अरबी भाषा में 'खुब्ज़' व अंग्रेज़ी में 'पीटा ब्रैड' कहते हैं।

2. पश्चिम तरह का 'फिंगर रोल', जिसे बेलनाकार ब्रैड कहते हैं।

3. भारतीय चपाती, जिसका स्वाद सबसे निराला है।

यद्यपि अनेक प्रकार के व्यंजन बनाने वाली ए.टी.एम. अब अस्पतालों आदि में भी हैं जिनसे अंकित राशि का भुगतान करते ही मानव हस्तक्षेप के बिना ही 'जर्म-फ्री' पिज़्ज़ा, बर्गर, फ्रेंच फ्राइज़ आदि तैयार होकर बाहर आता है, वह भी गर्मागर्म किंतु नि:शुल्क खाना प्रदान करने से बड़ा सेवाभाव और पुण्य कुछ नहीं है।

ए.टी.एम. का पूरा नाम 'ऑटोमैटिक टैलर मशीन' कभी 'एनी टाइम मनी' के रूप में लिया जाता है जिस मिथ को तोड़ने का काम ये नई प्रकार की ए.टी.एम. कर रही हैं। वर्ष 2014 से ही 'दुबई मॉल', 'इब्न बतूता मॉल' और 'मॉल ऑफ़ एमिरेट्स' आदि में 'गोल्ड ए.टी.एम.' लगी हुई है जिससे ठोस सोने के सिक्के और बिस्कुट वाजिब दाम देकर निकाले जा सकते हैं। 'दुबई – ट सिटी ऑफ़ गोल्ड' के लिए यह एक सम्मानजनक शुरुआत है कि पर्यटक और विदेशी यात्री अपने मनचाहा ग्राम का सोने का सिक्का यहाँ से अपने साथ खरीदकर ले जा सकते हैं।

स्वदेश धरा से आए दूर,
काम-नाम से हो मजबूर,
इस धरा ने अतुलित किया,
हमारा स्वागत है भरपूर।

परंपरा कहती है हमारी,
अब आई हमारी है बारी,
इस की सुगंध में हम भर दें,
अपनी संस्कृति की फुलवारी।

69

11. स्थानीय यात्रा

नवनिर्मित बैप्स हिंदू मंदिर अबु धाबी

धार्मिक सद्भावना और सहिष्णुता का प्रतिबिम्ब यू.ए.ई. देश एक सदी से विभिन्न राष्ट्र, संस्कृति और धर्मों का दिल खोलकर स्वागत करता रहा है। वर्ष 1958 में दुबई के 'बर-दुबई' नामक स्थान पर पहले हिंदू मंदिर का निर्माण हुआ जिसने यहाँ के हिंदू समुदायों को पूजनस्थल प्रदान कर यू.ए.ई. ने एकात्मता की भावना के दर्शन कराए। वर्ष 2022 में दुबई के 'जबल-अली' नामक स्थान पर एक और भव्य मंदिर का निर्माण हुआ जो दो देशों व दो धर्मों के मध्य आपसी भाईचारे और अपनत्व का प्रतीक बनकर उभरा है। इसके अतिरिक्त 2012 में जबल अली के इसी स्थान पर 'गुरु नानक दरबार' गुरुद्वारे की भी स्थापना हुई थी। इसके बाद तीसरा और सबसे बड़ा नवनिर्मित 'बैप्स हिंदू मंदिर' अपनी परिकल्पना के समय से ही चर्चा में बना हुआ है। आम जनता के दर्शनों के लिए लोकार्पित होने के कुछ समय बाद से ही यह तीसरे के स्थान पर पुन: दूसरा नम्बर पा गया क्योंकि 'बर दुबई' के मंदिर को इसके बाद स्थायी रूप से बंद कर दिया गया और उसकी समस्त पूजन-अर्चन सामग्री और प्रतिमाओं को स्थानांतरित कर दिया गया है।

यू.ए.ई. की शान में जड़ा एक और रत्न, अबु धाबी में बोचासनवासी अक्षर पुरुषोत्तम स्वामीनारायण संस्था (BAPS) द्वारा निर्मित 'बैप्स हिंदू मंदिर' ऐतिहासिक भव्यता लिए संस्कृति-सम्पन्न भविष्य का सशक्त संकेत है। वेदों की जड़ों से निकली इस मंदिर की नवीनतम शाखा मरुभूमि में वैश्विक समरसता के शाद्वल में भरे आध्यात्मिक जल से सिंचित धार्मिक सद्भाव के पुष्प खिला रही है। 'मरुस्थल में जलज' की अद्वितीय कल्पना ही इस मंदिर की आकृति का प्रेरणा-स्रोत रही है।

यह संयुक्त अरब अमीरात में प्रथम ऐसा मंदिर है जो हस्तशिल्प प्राकृतिक पत्थरों द्वारा निर्मित है, साथ ही यह पश्चिमी एशिया में सबसे विशाल होने का गौरव भी प्राप्त किए हुए है। 108 फुट ऊँचा, 180 फुट चौड़ा व 262 फुट लम्बा, यह विशाल मंदिरस्थल 27 एकड़ अर्थात् एक लाख दस हज़ार वर्ग मीटर के क्षेत्र में फैला है। इसमें 10 हज़ार भक्तों को एक साथ स्थान देने की क्षमता है।

दुबई से लगभग 105 किलोमीटर की दूरी पर तथा अबु धाबी से 25 किलोमीटर दूर, 'अल-ताफ़ मार्ग' (ई-16) पर, 'अबु मुरैख़ा' क्षेत्र में इसका निर्माण किया गया है। इसका बाहरी रंग सुनहरा गुलाबी दूर से ही इसकी अलौकिकता का आभास करा देता है। गुलाबी रेत के मध्य इसकी पुष्पाकृति देखकर देश यू.ए.ई. के प्रति मन श्रद्धा से भर उठता है।

यह मंदिर केवल भक्तगण को ही आकर्षित नहीं कर रहा, अलंकरण और स्थापत्य कलाप्रेमियों को भी दाँतों तले उँगली दबाने को बाध्य कर रहा है। प्राचीन मंदिरों की परंपरा को निभाते हुए, शृंखला में एक और कड़ी जोड़ते हुए, यह भारतभूमि पर स्थापित भव्य पाषण-मंदिरों को बराबर की टक्कर देता है। मंदिर की आकाशीय संरचना में बारह उथले शिखर, सात उन्नत शिखर व दो गुम्बद शामिल हैं। सभी शिखर स्वर्णवर्ण-मंडित कलश-मीनारनुमा दंड से सुसज्जित हैं और उन पर

स्वामीनारायण ध्वजाएँ फहरा रही हैं। मंदिर की भीतरी बनावट में सफेद संगमरमर पर नक्काशी से बने हुए 410 स्तम्भ लगे हैं।प्रत्येक स्तम्भ ज्ञानवर्धक उपदेशों से भरापूरा चलचित्र उपस्थित करता है। प्राचीन हिंदू शिल्प-शास्त्रों के अनुसार मंदिर के स्तम्भ पर हिंदू सभ्यता को व भारत के समृद्ध इतिहास को दर्शाती हुई 250 कहानियों का चित्रण है। ये शिल्प-कथाएँ हमारी संस्कृति, पुराण-गाथाओं तथा नैतिक मूल्यों का भान कराती हैं। संयुक्त अरब

अमीरात का सम्मान करते हुए, गृहदेश का प्रतिनिधित्व करते हुए, कई खम्भों पर घोड़ों और ऊँटों से संबंधित मूर्तियाँ भी उभरी हैं। इनमें प्रत्येक मूर्ति दूसरी से भिन्न है। संगमरमर जैसे कीमती पत्थर पर कारीगरी बहुत कठिन कार्य है। यह कोई मिट्टी की मूर्ति नहीं है कि बिगड़ गई तो पुन: बना ली जाएगी। देखने में मशीन से एकसार कटे दिखाई देने वाले इन सभी खंभों पर कुशल कारीगरों ने वर्षों छैनी-हथौड़ों से नपा हुआ प्रहार कर इन्हें ये आकार व आलेख प्रदान किया है।

बाहरी पत्थरों पर हिंदू देवी-देवताओं की मूर्तियाँ शिल्पकारी द्वारा उकेरी गई हैं जो इसे दिव्य रूप प्रदान करती हैं। ईश्वर की मुद्राओं, भाव-भंगिमाओं, उनके अंग-प्रत्यंग, साज-सज्जा, आभूषण इतनी बारीकी से उभारे गए हैं कि देखते ही बनता है। इस कौशल की सराहना करना और सभी सौंदर्य को एक दिन में निहार लेना संभव ही नहीं है।

बैप्स मंदिर की सात उच्च चोटियाँ यू.ए.ई. की सात अमीरातों (अबु धाबी, दुबई, शारजाह, अजमान, उम-अल-कुवैन, रस-अल-खैमाह तथा फुजैराह) की प्रतीक स्वरूप हैं।

यहाँ भारतीय दर्शन में अतिथि द्वारा गृहस्वामी का आभार करने की परंपरा परिलक्षित हो रही है।

इन सात शिखरों के नीचे ही प्रभु-दर्शन के सात आलय यानी दरबार हैं:- 1. अक्षर व पुरुषोत्तम दरबार, 2. राधा-कृष्ण दरबार, 3. राम परिवार दरबार, 4. शिव परिवार, 5. जगन्नाथ जी, सुभद्रा व बलदेव परिवार, 6. तिरुपति बालाजी व पद्मावती परिवार तथा 7. अय्यप्पा स्वामी जी। देश के विभिन्न भागों में पूजे जाने वाले ईश्वरीय स्वरूपों का समावेश कर, इन समस्त दरबारों की स्थापना, स्वयं में हिंदू धर्म की सभी को साथ लेकर चलने की लोकनीति को दर्शाती है।

मंदिर के मुख्य गुम्बद को 'डोम ऑफ़ हारमनी' कहा गया है। इस की खासियस यह है कि यह पंचतत्त्वों (जल, वायु, अग्नि, पृथ्वी, आकाश) के कुशल संतुलन को प्रदर्शित करता है। हिंदू परंपरा में इन्हीं पाँच तत्त्वों के मेल से जीवन की उत्पत्ति को माना गया है। जीवन की समाप्ति पर पार्थिव देह को इसी कारण पंचतत्त्वों के अधीन करने का विधान है।

इस आलीशान संरचना के निर्माण में चालीस सहस्र फुट घन श्वेत संगमरमर का प्रयोग हुआ है तथा एक लाख अस्सी हज़ार फुट घन गुलाबी बलुई पत्थर का, जो इसे गुलाबी-सुनहरा (रोज़ गोल्ड) रंग प्रदान करता है। महीन नक्काशीदार कारीगरी वाले तीस हज़ार पत्थर इसे बाहरी स्वरूप प्रदान करते हैं। इसमें 20 लाख ईंटों का प्रयोग हुआ है जिन्हें बनाने में 7 लाख घंटों का श्रम लगा है। अति विशिष्टता यह है कि इसे पर्यावरण के अनुकूल बनाने के लिए इसकी निर्माण सामग्री में आधे से अधिक कोयले की राख का प्रयोग हुआ है। यह कोयले की राख बिजली संयंत्रों को चलाने में लगी कोयले से बनी ऊर्जा का उप-उत्पाद (बाई-प्रोडक्ट) है। मंदिर को इस तकनीक से बनाया गया है कि यू.ए.ई. की 55 डिग्री सेल्सियस से अधिक तपती गर्मी से इसे कोई क्षति नहीं हो सकती। इसकी सशक्त इमारत 7 डिग्री के भूकम्प झटकों को बेखौफ़ झेल सकती है।

मंदिर के प्रांगण में ताल अथवा घाट बना हुआ है जिसमें भारत की पवित्र सरिता गंगा और यमुना का पानी निरंतर बहता रहता है। इसके किनारे बैठकर भक्तगण संध्या आरती का आनंद लेते हैं।

बी.ए.पी.एस. संस्था विश्व में एकमात्र ऐसा अनूठा धार्मिक संगठन है जो सम्पूर्ण विश्व में ग्यारह सौ से अधिक मंदिरों के निर्माण के लिए विख्यात है। कहा जाता है कि श्री गुरु प्रमुख स्वामी महाराज ने 5 अप्रैल 1997 के दिन शारजाह के रेगिस्तान में ऐसा स्वप्न देखा कि अबु धाबी में एक भव्य मंदिर बने जो विभिन्न आस्थाओं, संस्कृतियों, समुदायों व देशों को आपस में जोड़े। 27 वर्षों के भीतर ही यह स्वप्न साकार भी हो गया। लम्बे अंतराल के बाद उनकी आकांक्षा ने शब्दों का स्वरूप लिया जब प्रधानमंत्री मोदी जी ने 2015 में यह घोषणा की कि यू.ए.ई. की सरकार द्वारा इस कार्य के लिए सहमति व भूमि प्रदान करने का वादा किया है। 2018 में 13.5 एकड़ की भूमि 'बैप्स' को मंदिर परिसर के निर्माण के लिए सौंपी गई फिर 2019 में इतनी ही और भूमि का उपहार इस मंदिर को मिला तो कुल 27 एकड़ भूमि मंदिर के लिए तय हो गई और यह वर्ष यू.ए.ई. में 'ईयर ऑफ़ टॉलरेंस' के नाम से जाना गया।

2019 में इसका भूमि पूजन तथा शिलान्यास वर्ष 2018 में भारत के प्रधानमंत्री श्री नरेंद्र मोदी जी के करकमलों से हुआ। इसका बेजोड़ डिज़ाइन व मॉडल दस अलग-अलग देशों से जुटे 30 विशेषज्ञों ने पाँच हज़ार घंटों के श्रम से तैयार किया था। इसके निर्माण से पूर्व ही 2019 में इसे 'मैकेनिकल प्रोजैक्ट ऑफ़ द ईयर' का अवार्ड मिल गया था। तब से प्रतिवर्ष, या हर छमाही इसमें कुंभ पूजन, शिलास्थापन, महापीठ पूजन, प्रथम स्तम्भ स्थापन, अमलसारो पूजन, अमृत-कलश पूजन आदि के कार्यक्रम समस्त धरती से मनुष्यों का ध्यान अपनी ओर खींचते रहे।

आदरणीय प्रधानमंत्री श्री नरेंद्र मोदी जी द्वारा इसके उद्घाटन के दिन 14 फरवरी 2024 को पूरा यू.ए.ई. उत्साह से हिलोरें ले रहा था। 'एहलान मोदी' कार्यक्रम में क्षमता से दुगुने दर्शकों का जुटना इसकी अपार सफलता और आनंद का प्रमाण है। देश की सातों अमीरातों से अनेक घंटों की यात्रा कर भारतीय जनसमूह इस दिव्य समारोह का अंग बनने अबु धाबी उमड़ पड़ा। जो न जा सके, वे इसके सीधे प्रसारण से दृष्टि न हटा सके। ऐसी अमर घटनाओं का साक्षी बनने का अवसर किसी विरली पीढ़ी को ही मिलता है।

14 फरवरी 2024 के शुभ दिवस, देश की राजधानी अबु धाबी में 'प्राण-प्रतिष्ठा' अनुष्ठान हुआ जिसमें मंदिर में प्रतिष्ठित, पवित्र दैवीय मूर्तियों में पारंपरिक रीति तथा वैदिक मंत्रोच्चारण द्वारा प्राणों का आह्वान किया गया। यह समारोह प्रात: छ: बजे से प्रारंभ हुआ। 'अभिषेक मंडप' में अति विशिष्ट व्यक्तियों की उपस्थिति सैंकड़ों में थी। इसके अतिरिक्त मंदिर परिसर में कई स्थलों पर कार्यक्रम के सीधे प्रसारण की व्यवस्था थी, जिसे देखने अपार जनसमूह प्रांगण में एकत्रित था। इनमें यू.ए.ई. में बसे प्रवासी भारतीय भक्तगण के अतिरिक्त, दुनियाभर से पधारे विभिन्न आस्थाओं व पृष्ठभूमियों का शुभकांक्षी समूह था जो मंदिर की सम्भाव-सद्भाव की वाणी को प्रतिध्वनित करता था। महंत स्वामी महाराज जी द्वारा सातों दरबारों के पूजन से यह स्वर्णिम ऐतिहासिक क्षण सम्पन्न हुआ।

महंत जी द्वारा ही सातों दरबारों की प्रथम आरती की गई। उन्होंने सभा को सम्बोधित करते हुए कहा, "सम्पूर्ण कार्यक्रम में, मैं इस देश तथा दुनिया के सभी लोगों के लिए प्रार्थना करता रहा। प्रत्येक व्यक्ति को समृद्धि मिले व शांति की स्थापना हो। हम सभी एकसाथ मानवता की सेवा के लिए कदम बढ़ाएँ।" उन्होंने यू.ए.ई. के राष्ट्रपति शेख मोहम्मद बिन ज़ायद अल-नाहयान का धन्यवाद किया, जिन्होंने

उदारतापूर्वक मंदिर के लिए भूमि उपहारस्वरूप प्रदान की। उन्होंने कहा कि यह मंदिर वह स्थान है जहाँ शांति का आनंद उठाने तथा वैश्विक रागात्मकता की शिक्षा लेने के लिए सभी मान्यताओं-पार्श्वताओं के लोगों का स्वागत है।

18 फरवरी 2024 से मंदिर को आम जनता के दर्शनों के लिए खोल दिया गया है किंतु इसके लिए पूर्व पंजीकरण अनिवार्य है। ऐसा इस कारण है कि दर्शनार्थियों की संख्या पर वांछित नियंत्रण रखा जा सके अन्यथा इसके चमत्कारिक आकर्षण-पाश में बँधे अपार श्रद्धालुओं के जनसमूह के लिए व्यवस्थाएँ करना दुरूह कार्य होगा। इसमें प्रवेश का कोई शुल्क नहीं है। मंदिर सोमवार को दर्शन के लिए बंद रहता है !!

उद्घाटन समारोह का समापन एक अंत न होकर एक प्रारंभ है जो आध्यामिक विस्तार, सांस्कृतिक सामंजस्य और भौमिक सौहार्द्र का प्रथम बिंदु बन एक युग की स्थापना करेगा। यह मंदिर मात्र न होकर, सांस्कृतिक समावेश, सर्वश्रेष्ठ स्थापत्य तथा आध्यात्मिक महत्ता का उत्कृष्ट केंद्र बनकर उभरा है।

चिट्ठी-पत्री

12. संस्मरण

पाती वाले गली-गाँव

(वेंटीलेटर से उठी जीवनदायिनी विधा)

बचपन में पढ़ते थे कि -

अति का भला न बोलना, अति की भली न चूप
अति का भला न बरसना अति की भली न धूप

मम्मी भी यही बार-बार दोहराया करती थीं। फिर हिंदी विषय पढ़ते हुए इस विषय पर निबंध लिखा करते थे कि विज्ञान के लाभ और हानि। तब भी कहीं वह अति वाली कहावत ही चरितार्थ होती थी कि विज्ञान की तरक्की मानव के लिए कल्यणकारी है तो विनाशकारी भी। कुछ यही सब तकनीकी विकास के साथ-साथ भी हुआ।

घर-परिवार में से कोई सदस्य यदि विदेश में जाकर बस गया तो उसकी सुधि लिए बरसों बीत जाते थे और ट्रंककाल आदि का सहारा लेना पड़ता था जो बड़ा श्रमसाध्य और धनव्ययी हुआ करता था। कभी परदेस से उसकी चिट्ठी आ जाए तो घर भर में उत्सव जैसा माहौल हो जाया करता था।

डाकिए की सुबह से ही प्रतीक्षा, चिट्ठी डालने के लिए भी पाँच समय की नमाज़-सा ही हिसाब रखना कि जा, भागकर चिट्ठी डाल आ, अभी शाम वाली डाक में ही निकल जाएगी। और कभी डाकिया हमारे सामने ही लैटरबॉक्स खोल कर चिट्ठियाँ निकालने लगे तो हम बालक ऐसे आश्चर्य करते थे जैसे अलीबाबा का खज़ाना हमने देख लिया हो। चेहरे के हाव-भाव ऐसे बन जाते थे कि किसी यू.एफ.ओ. से निकलते हुए दूसरे ग्रह के प्राणी हमारे समक्ष ही दरवाज़ा खोल धरती पर अवतरित हुए हों। या फिर किसी ने हीरेजवाहरात से भरा थाल हमारी आँखों के सामने उलट दिया हो। एक चिट्ठी डालने गए हुए हम तब तक वहाँ से न हटते थे जब तक डाकिया बाबू सारी चिट्ठियाँ समेटकर अपने झोले में भरकर वहाँ से निकल न जाएँ। अगर कोई चिट्ठी गिरी हुई, डाकिए की गलती से छूटी हुई हमारे हाथ लग जाए तो हम डाकिए के हाथ में थमाकर तुरंत उसे उसकी लापरवाही जता दें और अपने चौकन्नेपन पर गोल्ड मेडल लहरते हुए घर पहुँचे और घरवालों से अपनी कर्मठता का लोहा मनवा लें।

अब ये आनंद के क्षण, ये यादें, ये सीना ताने हुए गर्वीले पल, ये बेमौसम उत्सव का महौल हमारे बाद वाली पीढ़ी के लिए कहाँ बचे हैं। चिट्ठी की जगह जब से ईमेल ने ले ली है और टेलीफोन की जगह ऑनलाइन माध्यमों ने, तो टेलीफ़ोन की घंटी बजते ही जो दिल की धड़कनें बढ़ जाया करती थीं, वे भी अब थम-सी गई हैं और वह उत्तेजना, आशा-आकांक्षा और आशंका के भाव कहीं पिछली गद्दी पर जा बैठे हैं।

अब किसी रिश्तेदार, मित्र को, अपने को, पराए को, कोई पत्र नहीं लिखता। डाकिए, डाक बाबू, डाकघर, सबकी रोज़ी-रोटी पर आ बनी। अब ये सब बदलते मौसम में कूरियर और पंजीकृत डाक सामग्री की बरसाती ओढ़े किसी तरह अपनी साख बचाए हुए हैं।

अति हो चुकी थी। अस्तित्व डाँवाडोल था। पर कहते हैं न कि प्रकृति स्वयं उपाय करती है अपने उपादेयों को बचाने की तो हमारे सामने, पूरे समाज के सामने, विश्व भर के सामने उपस्थित हुए राजस्थान से डॉ. सूरज सिंह नेगी जी और डॉ. मीना सिरौला

जी, जिन्होंने पाती मुहिम चलाकर इस लुप्तप्राय विधा को पुनर्जीवित किया। एक के बाद एक विषय आधारित, प्राप्तकर्ता-प्रेषक के अनुबंधरहित रिश्तों पर पत्र लिखने का आग्रह कर इस युगल जोड़ी ने पूरे भारत को पत्र लिखने को प्रेरित किया। डाकिए को पुन: काम मिला और यहाँ तक कि वह आत्मीयता से भरकर आग्रह कर बैठा कि सर, एक पाती हमपर भी लिखवाइए न! डॉ. नेगी और डॉ. मीना जी की सदाशयता की सीमा नहीं कि उन्होंने अविलम्ब इस निवेदन को स्वीकार करते हुए डाकिए पर भी पाती लिखवाई। अब तक लगभग 21 नवीन विषयों पर पाती लिखवाई जा चुकी हैं। यह तो सर्वथा नवीन विषय रहा 'पाती यादों के गलियारे से' जिसमें अपने मुहल्ले, गाँव, गली, कॉलोनी आदि की विशेषताएँ बताते हुए पाती लिखनी थी। यह पाती मुझे मेरे बचपन के घर में हाथ पकड़कर ले गई। मैं सोचने लगी कि ऐसी पाती लिखी किसे जाए। कौन है जो उस घर, उस मोहल्ले से परिचित न होगा। मेरे सभी रिश्तेदार, मित्रादि तो उस मुहल्ले के चप्पे-चप्पे से वाकिफ़ हैं। तब मैंने इसे अपने पतिदेव को सम्बोधित करने का निश्चय किया कि वे ही हैं जो इतना न जानते हैं। यही इस पुस्तक को विशेष भी बनाती है कि आप किसे सम्बोधित कर रहे हैं, वह व्यक्ति विशेष सबके लिए अलग-अलग हो सकता है।

पिता को पत्र आदि मुहिम ने तो पूरे भारत के विद्यालयों में पढ़ रही छात्राओं को आकर्षित किया और हज़ारों की संख्या में पत्र प्राप्त हुए तो नेगी सर ने चयनित पत्रों को दो पुस्तकों में संकलित किया, वयस्कों की और बालाओं की। यह कोई आसान कार्य न रहा होगा। घर पत्रों से भर गया होगा। जिन्हें देख-देख ये माता-पिता समान ही पुलकित होते होंगे, मैं कल्पना कर पा रही हूँ। फिर सबको नि:शुल्क पुस्तकें प्रदान करना। आपने तो इतिहास में नाम दर्ज करा लिया है मान्यवर! 2018 से अब तक 22 प्रतियोगिताओं का आयोजन, 12 पुस्तकें अब तक प्रकाशित हो चुकी हैं, 13वीं होने वाली है।

मेरा सौभाग्य रहा कि मैं इस मुहिम से जुड़ सकी। इस पुस्तक में देश-विदेश से 90 पत्रों को सम्मिलित किया गया है।

इसके विमोचन के अवसर पर डॉ. नेगी जी के उद्गार कुछ यूँ प्रवाहित हुए- 'आज जिस पुस्तक का विमोचन होने जा रहा है यह महज एक पुस्तक न होकर अनेक नई सूचनाओं, ज्ञान का एनसाइक्लोपीडिया है। इसमें देश के कोने-कोने के मोहल्ले, शहर, कस्बों, गाँव, चौपाल, घरों में बसी हुए अदृष्य कहानियाँ समाहित हैं।' डॉ. नेगी द्वारा पाती मुहिम का विवरण और इतिहास और भविष्य पर प्रकाश डाला। डॉ. नेगी ने बताया कि किस प्रकार यादों के गलियारे से की संकल्पना से प्रकाशन तक की यात्रा की झलकियाँ हमें दिखाई। डॉ. नेगी ने आधार दिया कि क्यों आएँ हम अपने शहर में, क्योंकि स्याही माँ सरस्वती से मिलती है, घर से मिलती है।

देवदत्त जी को इस पुस्तक को समर्पित करने के विषय में अनूठा अनुभव रहा। देवदत्त जी के घर से उपस्थित होकर उनके परिवार के मध्य से उनके साथ बिताए लम्हों को साझा किया गया और सभी को भाव-विभोर किया। वे प्रचार-प्रसार में सबसे आगे थे। तेरा तुझको अर्पण की ताल पर स्मृतिशेष देवदत्त शर्मा जी को पुस्तक समर्पित की गई।

पत्र लेखन की कला के बारे में कहा जा सकता है कि अब यह विलुप्त नहीं है, सजीव है। पाती लेखक की भावुकता का संचार इस पुस्तक में अवश्य हुआ है। व्यस्त दिनचर्या के बावजूद ऐसा श्रमसाध्य कार्य करने के लिए अनेकोंनेक शुभकामनाएँ तथा संपादक न्रय, व चयनकर्ताओं को बहुत-बहुत बधाई!

एक नई शुरुआत के लिए यह पुस्तक शोध के अनुकूल है। पत्र लेखन किस प्रकार निजी संपत्ति से कैसे प्रकाश में आने के बाद एक-दूसरे से जुड़ने का माध्यम बनता है। यह अभियान एक आंदोलन का रूप ले रहा है। वैचारिक स्तर पर दूर होते लेखकों को संवेदनात्मक तौर पर निकट ले आया है। संपादन में कितना श्रम, धन और समय लगता है और यह एक सामाजिक साहित्यिक कार्य के अंदर किया गया है।

स्वयं हाथ से पत्र लिखते-लिखते कब अनपढ़ों की सूची में जा बैठे, इस तकनीकी क्रांति की सरपट दौड़ती दुनिया में इसका बोध ही न हुआ। प्रथम बार पाती मुहिम से जुड़ने का अवसर मिला जब 'डाकिए को पाती' अभियान चल रहा था। कलम हाथ

में उठाई तो बहुत वक्त लगा यह सोचने में कि क्या, कहाँ और कैसे लिखा जाए। विचारों की शून्यता और झंझावात दोनों से जूझना पड़ा। कम्प्यूटर और तुरत टंकण ने हमसे विचारों को क्रमबद्ध करने की शक्ति छीन ली है। स्मृतियाँ भी पॉपकॉर्न की भाँति क्षण में उछलती हैं और उतनी ही तीव्रता से शांत हो जाती हैं। स्थायी शब्द अपना अस्तित्व खोता जा रहा है।

पाती मुहिम के लिए पत्र लिखते समय संयम, धैर्य और शालीनता से कार्य लेना हुआ तो यह पुनर्जागरण-सा अनुभव हुआ कि इन गुणों का कदाचित व्यवहार से विलुप्त होने का कारण भी यही है कि हमने पत्रों को जला डाला है, लिफ़ाफ़ों को फाड़ डाला है, कलम तोड़कर फेंक दी है। इन तीनों के संयोग से लिखे पत्र मात्र शब्दों का जोड़-तोड़ नहीं होते, हमारे व्यक्तित्व के विकास के गुणात्मक अंग होते हैं। हम सामाजिकता सीखते हैं, कथनीय-अकथनीय के साथ ही करणीय-अकरणीय अप्रत्यक्ष रूप से सीखते जाते हैं। स्वयं को संयत और नियंत्रित करने में पाती मुहिम का अविस्मरणीय योगदान है।

सभी पाती लेखकों के व्यक्त-अव्यक्त भावों को सादर नमन है-

यादों की गठरियों में
ढूँढता हूँ वह गली गाँव
जहाँ बीता था बचपन
जहाँ नीम की ठंडी छाँव
धूल भरे मुखड़े थे सुंदर
भागते रहते नंगे पाँव
निश्चिंत खेलते थे दिनभर
वह जीतने के नए दाँव
यादों के झरोखों से
ढूँढता हूँ वह गली गाँव

अगली पाती की घोषणा होते ही कालक्रम में एक और कड़ी जुड़ गई और यह विश्वास जगा कि भविष्य इतिहास को बदलने को प्रस्तुत है।

13. पत्र

लिख दूँ चिठिया मेरी माई को

दुबई, यू.ए.ई.
दिनांक: 25 जुलाई 2023

पूज्य माई!

सादर प्रणाम!

आशा है यह पत्र मिलने तक आपकी आँखें पुन: इस योग्य हो जाएँगी कि आप इसे स्वयं पढ़ सकें वर्ना मोतियाबिंद ने तो आपका धार्मिक ग्रंथों को पढ़ना भी बंद करा दिया था। वैसे, जो स्वयं एक वेद ग्रंथ हो उसे इन ग्रंथों को पढ़ने की आवश्यकता भी क्या! एक बेटी यही चाहती है कि उसकी माँ तक उसकी भावनाएँ सीधा ही पहुँचे, किसी और के माध्यम से संपृक्त न होने पाएँ। कुछ यही कारण रहा कि आपकी आँखों की सफल शल्य क्रिया के समाचार से ही मेरी कलम हड़ताल छोड़ पन्नों पर फिसली है।

आज इतनी दूर बैठी मैं आपके बिगड़ते स्वास्थ्य के समय वहाँ आपके पास न होने पर स्वयं को वैसे ही असहाय पाती हूँ जैसे कि आप महसूस करती थीं जब मैं ससुराल से आपको अपनी दुविधाएँ बताती थी कि आपकी नन्हीं नातिन के पालन-

पोषण में मुझे कैसी-कैसी दिक्कतें आ रही हैं। बेटी के ससुराल में माँ के हस्तक्षेप न करने की बाध्यता मैं समझ सकती थी फिर भी मैं अपना मन, अपनी परेशानी तो आपसे बाँटा करती थी। लेकिन आपने तो मुझे इतना पराया कर दिया कि अपनी तकलीफ़ मुझे बताना तक उचित नहीं समझा। या फिर आपने यह मान लिया कि आपकी यह परदेसी बिटिया अब आपके किसी काम न आएगी?

याद है न माई कि पापा ने तो सदा यही विचार किया था कि बेटी बहुत दूर न हो, अपने पास ही रहे इसीलिए पास के शहर में ही रिश्ता तय किया था। पर जब भाग्य में ही दूरियाँ बदी हों तो मनुष्य की इच्छाओं को समर्पण करना ही पड़ता है। ये दूरियाँ किलोमीटर में नापी जा सकें तो भी एक प्रकार से अच्छा ही है, न मापने योग्य दूरियाँ तो किसी हवाई यात्रा से भी पाटी नहीं जा सकतीं। समय ने समर्पण भी सिखाया है और समायोजन भी। कभी अड़ियल टट्टू कही जाने वाली आपकी यह नाज़ुक बिटिया अब मजबूत हो गई है और लचीली कहलाने लगी है।

आपकी नज़रें कमज़ोर होने पर भी बेटी का प्यार आपसे कभी-कभार जो पत्र लिखवा लिया करता था, अब वह भी नए ज़माने की सुविधाओं की भेंट चढ़ गया है। फिर सोचती हूँ कि जब परदेस में नयी-नयी आई थी चौबीस साल पहले, न तो मोबाइल ही थे और न ही निःशुल्क वीडियो कॉलिंग की कोई सुविधा ही। तब हर माह आपके और पापा के हाथ से लिखे पत्रों के आने की राह ताका करती थी। अपना कोई पी.ओ. बॉक्स न होने पर वे खत दफ्तर के पते पर आया करते थे। आने की खबर मिलने के बाद शाम तक का समय पहाड़-सा कटता था। कभी-कभार ट्रंक कॉल नियोजित कर आपसे बात होती थी जो शायद ही कभी हाल-चाल से आगे बढ़ी हो। एक मिनट की वार्ता के उस समय दस दिरहम (= 220 रुपए) लग जाया करते थे जो उस समय के अनुसार एक बड़ी रकम ही थी। बात अगर तीन-चार मिनट तक पहुँच जाए तो दिल धक-धक करने लगता था। 40-50 दिरहम में सप्ताह भर की शाक-भाजी व दूध-दही आ जाता था उन दिनों। उस समय कभी मन में यह साध रही होगी कि कोई ऐसा ज़रिया नहीं हो सकता कि मुफ्त में माई से बात हो जाए।

मेरे मुँह में तो बत्तीस दाँत भी नहीं कि मेरी कही बात ऐसे सच हो गई। अब ज़रिये तो सौइयों हैं पर वह बात नहीं रही जो पहले थी। आपकी चिठिया का इंतज़ार और फिर अगले दिन उन पत्रों का उत्तर देने की प्रतीक्षा में रात कटती न थी। एक ही लिफ़ाफ़े में आपकी चिट्ठी अलग होती थी और पापा की अलग। मैं भी ऐसे ही आपको अलग पाती लिखती थी और पापा को अलग। सारी रात यह नियत करने में लगती कि सुबह बच्चों को स्कूल भेजने के बाद चिट्ठी लिखते समय क्या-क्या लिखना है। मन भर के तो तब भी न लिख पाती थी। कितनी ही बातें लिखने को मन उतावला होते हुए भी कलम रुक जाती थी। जैसे अब भी मन में हज़ार बातें होते हुए भी सीमित-सी बात ही होती है 'बॉटिम' के एप पर। कुछ हालात वही होते हुए भी अहसास बदल गए हैं और कुछ भावनाएँ वही होते हुए भी स्थितियाँ पूर्णत: भिन्न हैं।

अब कैसे आपको बताऊँ कि मैंने तो कभी यह दूरी मानी ही नहीं। जो भी चचेरे भाई-बहन दुबई घूमने आए तो खाना खाते हुए यही बोले कि लगता है ताई जी के हाथ का बना हुआ है। यही मेरे प्रवास का सबसे बड़ा पुरस्कार रहा है। आपका एक छोटा-सा टुकड़ा मैं अपने मन-लंगर से बाँध के यहाँ जो ले आई थी। शायद यह समाज मेरे व्यक्तित्व के उस भाग को संस्कार कहे पर मैं उसे अपनी माई कहूँगी जिसने मुझे बनाया और ऐसा आकार दिया कि मैं उनके अंश को दुनिया के किसी भी खाद-पानी में रोप सकूँ। बस अब जल्द ही यह बिटिया अपनी जड़ों को सींचने पहुँचेगी। तब तक अपना ख्याल रखना।

आपसे मिलने की शीघ्रता में

आपकी अपनी
आरती

14. पत्र

पाती वीर जवानों को

दुबई
यू.ए.ई.
दिनांक: 31 जुलाई 2024

प्रिय वीरा

शुभ स्नेह वंदन!

बिन राखी, न कलावा बाँधे, माथ तिलक मेरे वीरा,
देशभक्ति के लिए न्योछावर, तुम ऐसे बहुमूल्य हीरा।

आशा है आप सकुशल होंगे। इस समस्त विश्व में किसी से भी अधिक आपकी कुशलता की प्रार्थना है। इसमें भी मेरा ही स्वार्थ छिपा हुआ है। अगर आप कुशल हैं तो मैं आश्वस्त हूँ कि मेरा देश कुशल है, खुशहाल है और मानव-समाज की प्रगति पर ध्यान केंद्रित किए है। आपके बिना देश के उन्नयन के सारे प्रयास निष्फल हैं। सीमाएँ सुरक्षित हैं तो राष्ट्र की शक्ति और सामर्थ्य अन्य उत्थान के कार्यों में लगाई जा सकती है। आपकी शक्ति पहले सुनिश्चित कर फिर अंतरराष्ट्रीय संबंध सुदृढ़ करने की बात की जा सकती है। आंतरिक मजबूती के बिना बाहरी सहयोग व्यर्थ है।

मैं देश से बाहर हूँ परंतु मेरी आत्मा तो भारत में ही बसी है। मेरी मातृभूमि को तनिक-सा भी कष्ट हो तो सर्वप्रथम तुम्हारी ही पुकार मचती है। कहीं बाढ़ आ जाए, पुल गिर जाए, भूकम्प हो, सुनामी हो, कोई सुरंग में फँस जाए, कोई पहाड़ों पर खो जाए, और जहाँ किसी अराजकता का खतरा हो; हर जगह आपको ही जानें बचाते देखा है। आप वहाँ अविलम्ब कैसे पहुँच जाते हो, यह आश्चर्यचकित करता है। किस द्रुत गति से युद्ध स्तर पर आप वे सभी कार्य कर डालते हो जो अन्य कोई नहीं कर पाता, हमें दाँतों तले उँगली दबाने को बाध्य करता है। अत: यदि आप प्रहृष्ट हो तो मैं अपने देश के लिए निश्चिंत रह सकती हूँ।

कितनी ही बार अपनी कल्पनाओं में आपकी कलाइयों पर राखी बाँधी है। अनेकों बार अपने दीयों से आपके पथ को रोशन करने की कामना की है। अनगिनत बार आपके उदास जीवन में सपनों के रंगों का छितराव करने के सपने देखे हैं। जानती हूँ कि मेरे लिए यह संभव नहीं परंतु क्या करूँ, स्वप्न पर तो न मेरा अधिकार है, न आपका। यहाँ इतनी दूर बैठे स्वप्न ही तो देख सकती हूँ अपने देश के रक्षकों के साथ खड़े होने का। कभी-कभी दुखी भी होती हूँ कि आप तो दिन-रात जागते रहते हो और सपने देखने से भी वंचित रहते हो। भूख-प्यास-नींद, ये मूलभूत आवश्यकताएँ भी सब देश के लिए भुला देते हो। अपनों के सपनों को साकार करने से अधिक वरीयता देश को देते हो।

मुझे हैरत होती है खुद पर जब मैं सर्दी में काँप रही होती हूँ और गर्मी में घबरा रही होती हूँ। आप तो सदा ही कठोर सर्दी, निष्ठुर गर्मी और अनवरत बरसात में भी अपने कर्त्तव्य पथ से डिगते नहीं। जानना चाहती हूँ कि क्या आप लोहे के बने हो? हर दम चौकन्ने, हर पल सावधान। पता नहीं दुश्मन किस दिशा से किस वेश में किस समय आ जाए। मेरी हर घड़ी यह प्रार्थना है कि आप दुश्मन पर भारी पड़ो और आप पर कभी आँच न आने पाए।

नौकरी तो सभी करते हैं, देश की नौकरी भी बहुत-से करते हैं, परंतु कभी भी उसके लिए अपने प्राण दाँव पर नहीं लगाते लेकिन आपका यह कार्य, यह त्याग, इसे

नौकरी कहना उसका अपमान करना होगा। यह उससे कहीं बढ़कर समर्पण है, पूजा है, देश के नाम अपना जीवन कुर्बान करने की शपथ है। इसके लिए आप सभी सबसे अधिक सम्मान के अधिकारी हैं। जिस स्थान पर आपमें से एक सैनिक भी पग धरे, उसकी मिट्टी चंदन बन जाती है, वह मुकुट पर सजाने योग्य है। हम नागरिकों को आपके दर्शन पाते ही नतमस्तक हो सैल्यूट करना चाहिए।

मैं अपना शीश कटाकर तो देश की सेवा नहीं कर पाई किंतु आपके शीश को हृदय के शीर्ष पर स्थान रख के तो मैं अपने कर्त्तव्य का कुछ अंश पूरा कर ही सकती हूँ। सैनिक किसी भी देश का हो, वह अपने देश के लिए अनमोल होता है। जब यहाँ, यू.ए.ई. में किसी भी सैनिक को देखती हूँ तो अपने देश की सीमा पर मुस्तैदी से तैनात आप वीरों को श्रद्धा से नमन करते हुए यहाँ इनका भी सम्मान कर पाती हूँ।

आप जाग रहे हैं तभी तो देश का प्रत्येक नागरिक चैन से सो रहा है। आपका यह जज़्बा निःशब्द कर देता है। किसी भी प्रकार की राशि, क्षतिपूर्ति के सभी साधन आपके अभाव में बेमानी हैं। आपमें कूट-कूट कर भरी देश सेवा की अक्षय-अकूत भावनाएँ देश की अमिट सम्पदा हैं। आप सीना तान के चलते हैं तो गर्व से हम देशवासियों की छाती चौड़ी हो जाती है। आपके पदचिह्नों पर चलने को कितने ही नवयुवक लालायित रहते हैं और आपसे प्रेरणा पाते हैं।

कफ़न बाँध शीश पर निकले, एक-एक दस-दस पर भारी,
मोहपाश की काट बेड़ियाँ, जाँबाज़ वीरों पे हम बलिहारी।

आपकी अपनी
डॉ. आरती 'लोकेश'
दुबई, यू.ए.ई.

पुस्तकालय से

15. पुस्तक समीक्षा

वैश्विक परिदृश्य में डॉ. निशंक – 'तुम भी मेरे साथ चलो'

क्यों हृदय के नाद में तुम, आह भरना चाहते हो?
वाद्य संगत साथ लेके, आओ इसको राग कर लें।
छेड़ दो आलाप सुखकर, मैं तान कर्मठता की गाऊँ
वर्णप्रिय श्रुतियाँ सजाकर, आनंद आविर्भाव कर लें।

किसी भी रचनाकार की रचना उसके अनुभवों, परिकल्पनाओं, उसके यथार्थ, उसके मानदंडों का दर्शन होती है। यदि कोई अन्य व्यक्ति उस रचनाकार की रचनाओं में अपने अनुभूतियाँ, अपने संस्कार, अपने विचार और अपने जीवन की झलक देख पाता है तो उस रचना का आयाम बढ़ता है। अब वह रचनाकार की न रहकर उस पाठक की हो जाती है। धीरे-धीरे पाठकों की संख्या में वृद्धि होने पर, और उस रचना से आत्मीय संबंध उनके जुड़ते जाने पर वह रचना उन सबको अपनाती चलती है और उसका फलक विस्तृत होता जाता है, वह सार्वभौमिक हो जाती है।

कोई रचनात्मक कृति बौद्धिक सम्पत्ति होते हुए भी कोई पैतृक सम्पत्ति तो है नहीं कि किसी एक या दो को ही प्राप्त होगी। जब ऐसी कृति निर्मित होती है कि विश्व के किसी में कोने में बैठा हुआ व्यक्ति, हर प्रकार का व्यक्ति, चाहे भी किसी भी श्रेणी का हो, किसी भी आयु का हो, कैसी भी सामाजिक-आर्थिक स्थिति का हो, उस रचना से अपना जुड़ाव महसूस कर ले तब वह कृति विश्वव्यापी हो जाती है।

यह स्थिति एक लम्बे काल तक बनी रहे और देश, काल परिस्थिति बदलने पर भी अव्यय की भाँति उसी अपनत्व से निरखी परखी और पढ़ी जाती रहे तब वह कालजयी बन जाती है।

डॉ. निशंक की रचनाओं को कुछ ऐसे ही पैमानों में भरकर जाँच-पड़ताल कर मैंने उन्हें वैश्विक परिदृश्य में बेहद उपयुक्त पाया और उनमें सार्वभौमिकता और मानवीय उद्धार की भावना का गुण कूट-कूटकर भरा हुआ मुझे दिखाई पड़ा।

आज उनकी पुस्तक 'तुम भी मेरे साथ चलो' पर ही चर्चा करते हैं तो आप इसके समर्पण वाक्य को ही ले लीजिए- उस अकलुषित प्राणी को जो परहित के लिए अर्पित है। यह वाक्य ही अपने आप में इतना कुछ कह जाता है कि आपको काव्य-संग्रह की कविताओं का निचोड़ यहाँ ही नज़र आजाता है। शीर्षक तो है ही अपने आप में अक ऐसे संसार में साथ चलने का न्योता जहाँ मनुष्य अपनी पीड़ा को दूसरों की सेवा में भुला दे रहा हो।

जैसा कि अपनी बात में डॉ. निशंक स्वयं कह रहे हैं कि गरल सम इन कटु अनुभवों को अमृत सम पिया है, ऐसा मनुष्य कैसे न मानवता के हित बात कहेगा। 'जीवन मृत्यु से जूझते हुए इस विकल पथिक ने गूँगे इतिहास बाँझ व्यवस्था का विद्रोह ही नहीं किया, बल्कि निराशा के इस घोर तम में आशा के सुप्रभात को भी देखा है। जीवन पथ का ऐसा पथिक कैसे न दूसरों के मार्ग में रश्मि के कण छितराएगा। अवश्य परपीड़ा को अपनाते हुए सबके साथ आगे बढ़ता जाएगा। यही भाव उनकी कविता 'एक मुसाफ़िर हूँ अकेला' का मूलभाव है।

उनकी कविताओं में निहित दर्द से कौन समभाव न कर पाएगा भला। हर व्यक्ति के जीवन में ऐसा क्षण अवश्य आता है, जब वह स्वयं को निपट अकेला महसूस करता है। जीवन के संघर्ष उसे तन-मन से बेंध देते हैं, घायल कर छोड़ते हैं। उन घावों को भरने में बहुत समय लगता है। और इस लम्बे समय का हर दिन मानों शुक्र ग्रह पर बिताए दिन के समान लम्बा प्रतीत होता है। यह सत्य है जो दिनकर के अधिक करीब होता है, अधिक प्रकाशमान होता है तो अधिक ताप भी उसे ही झेलना होता है। उनकी इस कविता से सारा संसार जुड़ जाएगा।

'किस्मत की करनी'

प्रात: हुए उठकर आया

गाना सड़कों पर गाया

यह किस्मत की अपनी करनी

जो मुझको जीवन में भरनी

हाय! अँधेरा जीवन मेरा

ए अंधे! यहाँ कौन है तेरा।

कभी किनारे कभी मध्य तो

कभी दीवार से टकराए

दिल पर चोट तो जाने कितनी

तन पर तो निसि दिन ही खाए।

सड़क किनारे कभी मध्य तो

कभी खाई में निज पाया

भरी उजली दुनिया तेरी

हे ईश! मुझे अंधेरी है।

कोई अंधा दर-दर भटके

क्या माया ये तेरी है?

दर्द से सामना आखिर किसे नहीं होता। कोई अंदर ही घुटता है तो कोई उस पर मुस्कुराहट का आवरण डाल देता है तो कोई ज़ार-ज़ार रो देता है। ऐसी ही विवध प्रतिक्रियाएँ भी हैं कोई आँसू देख हमदर्दी करता है, कोई उदासीन रहता है या कोई खिल्ली उड़ाता है। हर मानव दूसरे से भिन्न है और भिन्न स्वभाव लिए हुए है। पीड़ा का दंश तो राजा-महाराजाओं को भी झेलना होता है, आम आदमी की क्या बिसात है। कोई भी तो इस संसार में सारे सुख हथेली पर लिखवा के नहीं लाया है। फिर दरिद्र के भाग्य में तो तकलीफ़ों की लकीरें नहीं, पूरी की पूरी मुराल पेंटिंग बनी है। यही तो है जो उन्हें भर-भर के मिला है। उनके चारों तरफ़ यही अम्बार तो लगा हुआ है। ऐसे चीत्कार करने के समय में कोई गीत गाकर अपनी व्यथा को भूलने का कौशल लिए हुए हो तो वह इस दुनिया समाज के सबसे बड़े पुरस्कार का अधिकारी है। परंतु उसके अधिकार में आता है मात्र अपनी बदहालियों का तमाशा देखना।

'रोना आया'

खुद के इस मुकद्दर पर

उसे रोना ही आया था

तभी तो आँखें भर-भर कर

उसने गीत गाया था।

यहाँ कोई नहीं अपना

नहीं कोई बसेरा है

जिसे भी आज तक देखा

लगा कोई न मेरा है।

जिसे वह ढूँढने निकला

कहीं न उसको पाया था

तभी तो आँखें भर-भर कर

उसने गीत गाया था।

रहा है पेट खाली ही

वह दर-दर प्यास को भटका

स्वयं के हाथ ही उसने

अपनी लाश को पटका।

पड़ी इस लाश को फिर भी

तड़पते उसने पाया था

तभी तो आँखें भर-भर कर

उसने गीत गाया था।

ऐसी घोर निराशा के साथ ही वह आस का लौ भी जगाते चलते हैं। यही वर्तमान समय की आवश्यकता है जो उनकी कविताएँ समाज के लिए उपचारात्मक जड़ी-बूटी का-सा काम करती दिखती हैं। कविता 'दुनिया को आना है' आशा का संचार करती है और साथ ही पर्यावरण के संरक्षण का संदेश भी चुपके से हाथ में थमा जाती है। ठीक इसी तरह जब माँ ससुराल जाती पुत्री के हाथ में सबसे नज़र बचा के कुछ अतिरिक्त जमा करके रखे हुए 1000-500 के नोट को उसकी मुट्ठी में दबा देती है।

एक दिन वटवृक्ष बनकर

छाया सभी को दे सकेगा

फूल-फल अनगिन रहेंगे

भटका पथिक भी ले सकेगा।

तोड़ो नहीं, पोषो इसे

छाँव तुम्हें भी पाना है

चाहे आज न आए कोई

कल दुनिया को आना है।

आज की स्वांग और स्वार्थ भरी दुनिया में ऐसे लोगों से रोज़ाना दिन में बीस किलो के भाव से पाला पड़ता है। अहंकार और अभिमान से भरे, मतलबपरस्त लोगों के स्वभाव का कैसा सटीक वर्णन निशंक जी ने किया है।

मैं तो ऐसा मैं हूँ वैसा

क्षण-क्षण कहते जाना है
अब तो सबका एक रवैया
हाँ में हाँ मिलाना है।

ऐसा कहने वाले कुछ कहते हैं तो कम से कम उनकी कलई तो खुल जाती है। कुछ भेड़ की खाल में छिपे भेड़िए तो जब तक पहचाने जाते हैं बहुत क्षति हो चुकी होती है। लेकिन ऐसा भी नहीं कि यह जग भले मानवों से खाली ही हो गया हो। कभी तो अपने पराए से लगते हैं तो कभी पराए भी अपनों से अधिक हो जाते हैं। जब वे हमसफर बन जाते हैं तो कठिन डगर में भी यादों के फूल खिल जाते हैं।

'लम्बे पथ में'-

आते-जाते लोग अनेकों
कुछ दिल में बस जाते हैं
लाख भुलाने पर भी ये
याद सतत ही आते हैं।
लघु जीवन के लम्बे पथ में
कुछ राही मिल जाते हैं
जिनको हम पथ से मंज़िल तक
साथ-साथ ही पाते हैं।

कविता 'शांत बहने दो' ऐसी निस्सीम शांति की बात करती है जो रो लेने के बाद मिलती है। समाधान नहीं, कभी-कभी हमें बस एक सांत्वना चाहिए होती है। पीठ पर एक थपकी भरा हाथ और गुबार निकल जाता है जैसे डिब्बी में कैद आँधी का किसी ने ढक्कन खोल दिया हो जैसे। या फिर बाँधों के सारे फ़ाटक उठा दिए गए हों अचानक। या कि जतन से जमाए हिम पर आग का गोला सजा गया हो कोई। पर एक बार यह ज्वाला शांत होकर राख बन जाए तो बड़े काम आती है। यही माँ की गोद बन जाती है और सभी पीड़ाएँ नन्हें शिशु की भाँति मासूम हो जाती हैं। साहस मिलता है, हिम्मत आती है, धैर्य बँध जाता है। आवश्यक है किसी के दामन में अपने सारे दुख सौंपकर

हलका हो जाना। जीवन का मूलमंत्र भी यही है। वर्ना कौन है जग में जिसके दुपट्टे ने कभी नमकीन पानी न सोखा हो। गाल कभी गीले, आँख कभी नम, दिल में गम का सागर…

जलती रही आज तक जो
गाल गीला कर गई है
आसमाँ से आ नयन में
वह बूँद सागर भर गई है।
गोद कहते हैं जिसे
सागर उसी में बह रहा है
शांत बहने दो मुझे, वह
बिन कहे भी कह रहा है।

बिना कहे कह जाने की बात ही कुछ और होती है। कुछ बातों को कह देने से वे अपने अर्थ को कभी खो देती हैं। स्तर से विलग हो जाती हैं। कुछ अनुबंध मूक ही अच्छे होते हैं, मुखर होते ही वे रूप बदल भी सकते हैं।

उनकी कविता 'बंध तोड़ डालो' में कवि निशंक उन बंधनों को तोड़ने की बात करते हैं जो कारागृह के समान प्रतीत होते हैं। उनकी यह कविता मेरे दिल के बहुत करीब उतरी। उनकी इन भावनाओं को समझने की दावा मैं इस लिए कर सकती हूँ कि मेरे उपन्यास 'कारागार' में भी शारीरिक रूप से कारावास की न होकर मानसिक और भावनात्मक कारा की बात अधिक हुई है। और उसकी सलाखें तोड़ फेंकने में मेरी नायिका चारु कामयाब हो जाती है। कुछ टूटने पर जश्न मनाने की स्थिति ऐसे अवसर पर ही होती है। यह अवसर रिकॉर्ड टूटने से भी बेहतर है। देखिए कि निशंक जी की कविता क्या कहती है-

'आह! बंधन तोड़ डालो'

तुमने कहा बंधन है सारा

बिना अपराध है ये कारा

चलना कठिन होगा तुम्हारा

मान लो कहना हमारा।

पाँव में बेड़ी सजेगी

हाथ में हथकड़ी होगी

उन्मुक्तता भी आज तेरी

छटपटाहट कैद होगी।

मुड़ते हुए सीधे किए

टूटे हुए सब जोड़ ड़ाले

आह! मैंने सभी बंधन

एक क्षण में तोड़ डाले।

अब तक निशंक जी की जितनी भी कविताएँ आपने सुनीं, चाहे मेरे द्वारा या कहीं और पढ़ीं; उनकी कविताओं में कुछ विशेष बात होती है जो बहुत गहरे से उठकर निकली होती है। वह सीधा हृदय में उतर जाती है। कोई कविता ऐसी नहीं जिसे पढ़कर सुनकर वह कोई छाप न छोड़े। ये सभी कविताएँ आम आदमी की कविताएँ हैं। आमजन की भाषा में रची गई हैं।

आप जानते ही हैं आमजन की भाषा का महत्त्व। तुलसीकृत रामचरितमानस को प्रभु राम के ही समान पूज्य स्थान प्राप्त होने के कारण उसका भगवान राम की कहानी होने से कहीं अधिक उसका जन-जन की भाषा में रचा जाना है। बहुत अलंकृत भाषा में हम किसी रचना को एक वर्ग विशेष तक तो पहुँचा सकते हैं किंतु उसे जन गण मन की प्रतिध्वनि नहीं बना सकते।

निशंक जी की कलम तो वास्तव में आमजन से गुज़रती हुई उससे भी आगे जाती है, जहाँ हम पत्थरों पर निराला जी की उकेरी हुई इन पंक्तियों को गढ़ा हुआ पाते हैं यह कहते हुए-

'वह तोड़ती पत्थर,

इलाहाबाद के पथ पर'
उस भवन की ओर देखा, छिन्नतार;
देखकर कोई नहीं
देखा मुझे उस दृष्टि से
जो मार खा रोई नहीं।

अब आप निशंक जी की इन पंक्तियों पर दृष्टि डालिए-

'भूखा नहीं था'

नंगा नहीं था गरीबी को ओढ़ा
दर्द खाया था मैंने भूखा नहीं था
बैठा कहाँ था भटकता रहा मैं
बदन गीला था मेरा सूखा नहीं था।

इन पंक्तियों में कहीं दर्द को समेट लेने के साथ अपने आत्माभिमान को बचा लेने की छटपटाहट भी परिलक्षित होती है। यहाँ पर आप 'सूखा' शब्द को ही ध्यान से समझें तो हम सूखी चमड़ी, सूखी लकड़ी, वाले 'सूखे' आदि की बात करते हुए भी उस सूखे को भी बता जाते हैं जो अकाल और सूखे से मारे हुए शरीर का सूख जाना होता है। उसपर वक्रोक्ति इस प्रकार की कि कवि कहते हैं, शरीर मेरा सूखा कहाँ था, वह तो अश्रु, स्वेद, रक्त से भीगा था। याद आई होगी न हरिवंशराय बच्चन जी की कविता 'अग्निपथ', मुझे भी गीला होने के भावों में यह पंक्ति स्मरण हो आई। यह 'गीला होना' की क्रिया 'भीगना' की क्रिया जितनी आनंदपूर्ण नहीं है। यह 'कंगाली में आटा गीला' की याद दिलाती है यह खड़ी फसल पर अतिवृष्टि की भी याद दिलाती है। यह गीला होना आसान क्रिया कहाँ है? इसे करने के लिए कितने अपमान का विष पीना पड़ता है तब जाकर यह सकर्मक क्रिया फलीभूत होती है।

उनकी कविता 'कोठी पर आग होगी' इसी कविता का विस्तार जैसे प्रतीत हुई मुझे। उसकी अंतिम पंक्तियों ने विशेष प्रभावित किया-

यह करुण क्रंदन सुनकर भी
कोई पास न आया था।
नई बात नहीं है कोई
कहते सबको पाया था।
इसी कविता की अंतिम पंक्तियाँ देखिए-
यदि यह जलती आग तुमने
मिलकर नहीं बुझाई है
तो यह-
झोंपड़ी से कोठी पर होगी
मैंने-
यह बात तुम्हें सुखाई है।

इन्हें पढ़कर मुझे अपना एक हाइकु याद आया-

भूख ने कोसा
जिन्हें पीकर पानी
बाढ़ में बहे

एक अन्य कविता 'अब हँसी भी डस रही है' भी इसी तटस्थता पर प्रहार करती जान पड़ती है। ऐसी ही किसी परिस्थिति के लिए संभवत: उन्होंने ये पंक्तियाँ भी रची होंगी-

मूकता खलती रही पर
शब्द भी अब खल रहा है
कभी था उन्मुक्त हँसना
अब हँसी भी डस रही है।

हर एक दुखित-दलित पीड़ित-व्यथित को उनकी इन पंक्तियों से भी अपार सम्बल मिला होगा-

ह्रास की इस शूलिका से, अश्रु बहता ही रहा है
निर्बल है तो सबल बन, निर्बल सदा दबता रहा है।

उनकी यह पुस्तक 'तुम भी मेरे साथ चलो' वास्तव में मुझे जॉय & सॉरो की इट्रर्नल यात्रा पर ले चली। हर कविता संगीत में बँधे सुरों जैसी बजती रही और मन तरंग उनपर मंद-मंद थिरकती रही। कभी कोमल सुरों की बहुलता तो कभी तार सप्तक की तीव्रता... जैसे कोई राग तोड़ी सुनाता हुआ मुझे राग तोड़ी से जुगलबंदी को न्योता दे रहा हो। वैसे भी संगीतात्मकता या गेयता उनकी रचनाओं का बाहरी गुण है और भीतरी गुण तो एकात्मकता है ही।

यह उनकी रचनाओं में स्पष्ट झलकता है कि वे अलंकारों व छंदों के जाल में न पड़कर अपने पाठकों से सीधे संपर्क स्थापित करते हैं। उनकी आडम्बरहीन भाषा, अक्लिष्ट शब्दावली उनके अंदर की बैचैनी को दूर तक दौड़ाती है। वह अपने साथ दौड़ाती है दुख के बीहड़ कानन, सुख के मोहक झरने, प्रत्याशाओं के सुरम्य पर्वत, विश्वास के अनगिनत जुगनू और कर्मनिष्ठा की सशक्त धरा। यही कारण है कि उनके नाम अनेक विश्वकीर्तिमान हुए हैं, ... क्योंकि वे सम्पूर्ण विश्व के हुए हैं।

उनके साहित्य पर लिखने चलो तो पोथी रची जा सकती है। उन पर बोलने को दिन भी कम है। दिन भी थमकर, दिल थामकर सुनने को रुक जाता है। परंतु हमारा कार्य प्रकृति के नियमों में बाधा डालना कदापि नहीं है। अत: समीक्ष्य शब्दों को समय को देखते हुए इन पंक्तियों के साथ मैं अपने वक्तव्य अंतिम रूप देकर वाणी को विराम देना चाहूँगी-

साहित्य जग के भाल पर, जैसे चमकता चंद्र अंक,
प्रदीप्त रश्मि वृत्त कुंतल, से परिभाषित हैं निशंक।

16. पुस्तक भूमिका

शाश्वत जीवन-मूल्य पुनर्स्थापना की यात्रा – 'युगांतर'

उपन्यास इसी धरा के एक छोर पर व्यतीत जीवन का शाब्दिक चलचित्र है, जो किसी अन्य स्थान पर स्थित पाठक को मनोरंजन के साथ नि:शुल्क मनस-यात्रा का एक आश्चर्य-मिश्रित अनुभव देता है। काल्पनिक उपन्यास धरातल के महामार्ग व पगडंडियों पर चलता उल्लसित-आंदोलित पाठक कुछ आपबीती, कुछ जगबीती और कुछ अनचीह्नी-अपरिचित घटनाओं के यथार्थ को आत्मसात करता है और उस छोर पर खड़े उपन्यासकार से आ जुड़ता है।

उपन्यास को पढ़ लेना, उसे समझ पाना, उससे प्रभावित हो जाना, उसकी समालोचना की क्षमता होना; एक बात है और उसका सृजन कर लेना सर्वथा पृथक बात। उपन्यास की रचना में एक रचनाकार परिस्थितियों के निर्माण के कई पहाड़ चढ़ लेता है, भावनाओं को शब्द देने में कई सागर मथ लेता है, चरित्रों की तलाश में जंगल-जंगल भटकता है, संवादों के ताने-बाने में समूची भाषा को घोट जाता है, घटनाओं के चित्रांकन में इतिहास से भविष्य तक की दौड़ वर्तमान में लगाता है। अपनी कृति का सिंहावलोकन और विहंगावलोकन कर यदि संतुष्टि न हो तो पुन: सूक्ष्म निरीक्षण करने, कभी अक्षर-सुई छिद्र के पार जाता है तो कभी कथ्य-राई में समा जाता है। या कभी बूँदों को सोखता है तो कभी कतरनी की धार पर सवार हो जाता है। कितने ही बादल उसकी आँखों में बनते हैं और कलम में बरसते हैं, कितने ही काल उसे जड़ कर, उसकी परिक्रमा करते हैं और कितने ही अनुसंधान उसके मस्तिष्क में उपजते हैं और पृष्ठों पर समीकरण बन उठते हैं।

उपन्यास लेखन एक माता के समान ही मात्र सृजन का कार्य नहीं है, स्वयं को पुनर्सृजित-पुनरन्वेषित करने का कार्य है। 'सृजन में दर्द का होना जरूरी है' कन्हैयालाल नंदन जी ने कहा है और साथ ही 'छटपटाहट-घुटन-कसक' के बिना 'साधना अधूरी' भी बताई है। उपन्यास-लेखक का मन किसी आक्रांता के अत्याचार में रहे अवशेषों की धरोहर की भाँति इस टूटन-जुड़न व जीर्णोद्धार प्रक्रिया से बार-बार दो-चार होता है। हर क्षण प्रहार सहता है और कराहे बिना साधना में डूबा रहता है। उसकी समस्त पीड़ा इस आस पर टिकी है कि साहित्य के लिए इसे अपना लेना नितांत आवश्यक है। उलझी हुई सदी की गुत्थी सुलझाते हुए वह अपने बिछाए माँजे

पर आगे बढ़ता है और धीरे-धीरे आकाशचर पतंगों की तरह उसके दूरगामी पात्र उसे स्पष्ट दृष्टिगत होने लगते हैं। उपन्यास 'युगांतर' की 'अपनी बात' में डॉ. दिलबागसिंह विर्क ने उपन्यास रचने के अपने जिन निजी अनुभवों को साझा किया है, वे इसी ओर इंगित करते हैं। उपन्यास के कथ्य, बुनावट, कथोपकथन, भाषा, सम्पूर्ण प्रस्तुति को परखने पर ऐसा कहीं नहीं प्रतीत होता कि यह उनका पहला उपन्यास है। एक विश्लेषित उपन्यासकार की संश्लेषित परिपक्वता 'युगांतर' में व्याप्त है।

उपन्यास की मुख्यभूमि चयन की दृष्टि से इसे एक राजनैतिक उपन्यास कहा जा सकता है। राजनीतिक उठा-पटक, राजघरानों की अहंकारी प्रवृत्ति से लेकर एक शिक्षक की बेबसी का बहुत यथार्थपरक चित्रण इसमें आया है जो दो समाज की वास्तविकताओं और उनसे उपजी अनीतिपरक परिस्थितियों का बिगुल बजाता है। राजनीति के मैले-उजले व धुँधले, संभावित-असीमित, सभी पक्षों पर यह उपन्यास प्रकाश डालता है। 'सैंया भये कोतवाल' कहावत को चरितार्थ करते हुए डॉ. दिलबाग की सिद्धहस्त कलम से सृजित गिरगिट रूपधारी पात्र अवसरवादी मनुष्यों की खूब खबर लेते हैं। लेखक ने स्त्री पात्र रमन के माध्यम से अनीति के विरुद्ध शंखनाद और शिक्षा के महत्त्व को भी रेखांकित किया है तो शांति नामक पात्र की रचना स्त्री के व्यभिचार व दोहन शक्ति को भी बताती है और अनैतिक संबंधों की पड़ताल भी करती है। घटनाक्रम सिद्ध करता है कि सत्य की सुगंध कोई कस्तूरी नहीं है। उसके गर्भ की अंगड़ाई तक, भूचाल ले आती है।

युवाओं व विद्यार्थियों को भी उपन्यास उतना ही भाएगा, जितना कि वयस्कों को। छात्र-जीवन व महाविद्यालयों के तौर-तरीकों का भी यथास्थिति वर्णन इसमें मिलता है। यशवंत का चरित्र युवा पीढ़ी में व्याप्त भटकन के हर तंतु को पकड़ता है और नशे की लत के तार-तार रच उसके दुष्परिणाम के काँटेदार अनुभव को साक्षात करता है। एक आँगन में, एक परवरिश में, दो पादप निजवृत्ति से सन्मार्ग व कुमार्ग दो अलग मार्ग चुनते हैं। मार्ग बदलने पर भी सत्मार्गी अपने सत् को नहीं त्यागता और पथभ्रष्ट दिशाभ्रमित ही रहता है। संस्कारों में परिवेश का हस्तक्षेप यहाँ स्पष्टता पाता है। यहाँ दिलबाग ने तटस्थ होकर अपने पात्रों के साथ पूर्ण न्याय किया है।

सामाजिक व पारिवारिक जीवन के विभिन्न पहलू भी 'युगांतर' में स्थान-स्थान पर प्रदर्शित हुए हैं। यादवेंद्र व रमन के बनते-बिगड़ते संबंधों के माध्यम से स्त्री की दृढ़ता व सहनशक्ति का चित्रांकन भी देखने योग्य है। धार्मिक प्रभाव से भी उपन्यास अछूता नहीं है। हर दु:ख-सुख को रमन निर्लिप्त भाव से अपनाती है और परिणाम ईश्वर के अधीन सौंपती है। पुरुष लेखक की लेखनी से सुदृढ़ स्त्री पात्र की संरचना अभिभूत करती है।

बहुत-से वाक्य नीति-सूत्र के समान प्रतीत होते हैं। यों तो बहुत बार ऐसे अंशों ने इस उपन्यास के पठन की गति को बाधित कर मुझे सोचने को उद्वेलित कर दिया परंतु कुछेक वाक्यों को यहाँ उद्धृत करना चाहूँगी। शिक्षा के वास्तविक अर्थ की व्याख्या करते हुए वे लिखते हैं-

'शिक्षा तो तपस्या है और तपस्या करनी ही पड़ती है, खरीदी नहीं जाती। धन पुस्तकें खरीद सकता है, ज्ञान नहीं।'

'डिग्रियाँ प्राप्त करने और शिक्षित होने में ज़मीन-आसमान का अंतर है। ... यदि किसी को सिंधु घाटी, न्यूटन, त्रिकोणमिति आदि का ज्ञान है तो इसका अर्थ यह नहीं कि वह बुद्धिमान है।'

'परीक्षा में अंक प्राप्त करना और जीवन में सफल होना दो अलग-अलग बातें हैं। ... जीवन में वे लोग भी सफल हो जाते हैं जिन्होंने कोई डिग्री हासिल नहीं की होती।'

शिक्षा के संबंध में लेखक के ये विचार बहुत प्रभावित करते हैं। एक सच्ची कलम मात्र कल्पना के अधीन होकर समाज में आदर्श की स्थापना को नकार नहीं सकती। लेखक डॉ दिलबाग की कलम भी इसी प्रेरणा के वशीभूत अपने कर्त्तव्य का निर्वहन करती है। 'युगांतर' की रचना में उनका केवल मन-मस्तिष्क ही प्रयोग नहीं हुआ, उनकी आस्था, मानवीयता, उदारता, सदाशयता का एक बड़ा भाग भी इसमें समाया है।

स्त्री सुलभ उदात्त प्रवृत्ति के चलते 'युगांतर' की उद्घोषणा इसमें दो बार की गई है। शाश्वत जीवन-मूल्य पुनर्स्थापना की द्योतक रश्मि नामक पात्र के साथ युगांतर आता भी है किंतु रश्मि का राजनीति में पदार्पण और युगांतर आने की प्रत्याशा पुन: पाठक को इस जिज्ञासा में छोड़ जाती है कि क्या वह राजनीति में भी इतिहास रच सकेगी या उसके मौजूदा तौर-तरीकों की शिकार हो जाएगी या कि स्वयं उसी दलदल का हिस्सा बन जाएगी। यह अंत एक और उपन्यास की प्रतीक्षा व कुलबुलाहट को जन्म देता है।

उपन्यास 'युगांतर' पाठक को अंत तक बाँधे रखता है और बहुत सी नवाशाओं को जन्म देता है। इसे पढ़कर डॉ. दिलबाग की लेखनी में भरी निस्सीम संभावनाओं पर विश्वास बलिष्ठ होता है। इस अनमोल कृति के लिए उन्हें अनेक शुभकामनाएँ!

आह और वाह से गुँथा सुरम्य संयोजन
– 'धूप-छाँव की दरी'

‘आह!’ शब्द हमें ‘आह से उपजा होगा गान’ की याद दिलाता है। समय बदलता है और शब्दों के अर्थ बदलते हैं। वे कभी संकुचित होते हैं तो कभी विस्तीर्णित। ‘मृग’ कभी वनचर के लिए प्रयुक्त होने वाला शब्द, अब केवल ‘हिरन’ के अर्थ में रूढ़ हो गया है। ‘तेल’ कभी तिल का निचोड़ हुआ करता था। अब चिकनाहट वाले सभी रस ‘तेल’ कहलाते हैं। ‘मृग’ जहाँ अर्थ में अपने स्थान से कमतर हुआ है, वहीं ‘तेल’ अपने स्थिति से कुछ ऊपर गया है। ऐसे ही ‘आह’ शब्द वेदना की अभिव्यक्ति से विस्तृत हुआ है और ‘वाह’ प्रशंसा की उपलब्धि से उपालम्भ की ओर सरक आया है।

गान, गीत, संगीत अब मात्र ‘आह’ की उपज न होकर नवरस, एकादश भाव, विभिन्न अनुभाव, विभाव और संचारी भाव से अनुप्राणित होते हैं। गान, गीत, गायन में बँधे वर्णों के पुञ्ज, काव्य की अनुपम देन हैं। अक्षरों के घन, मन के भाव और आत्मा के अनुभव आपस में गुँथकर त्रिआयामी अनुभूति को उपजाते हैं। दृश्य ज्ञानेंद्री के माध्यम से एक प्राणी से दूसरे प्राणी तक संचरित होते हुए इनके आयाम के परिमाण में वृद्धि होती है। ग्राह्य छोर पर इसके अर्थ संप्रेषण की क्षमता प्रेषण छोर से कहीं अधिक होती है। हिंदी भाषा का वैशिष्ट्य है कि इसके सौष्ठव के अनुकूल रचना पढ़ने और सुनने वाले तक सम्पूर्ण से अधिक भाव विकीर्णित करती है।

श्रीमती मीरा ठाकुर की कविताओं में विचरण करते हुए मैंने स्वयं को ऐसे ही अनुभावों से सम्मुंफित पाया। उनकी हर एक कविता पर ‘आह’, ‘वाह’, ‘राह’ और ‘सराह’ के शब्द मुख से प्रस्फुटित हुए। उनकी कविताएँ सीधी-सपाट भाषा में रचित होने के बाद भी कभी नुकीले तीर-सी गढ़ जाती हैं तो कभी नरम फोए-सी चिपक जाती हैं। कभी सिल से भारी तो कभी डेंडेलियन से हल्की। अपने पाठकों को ये अपने साथ समाज के भ्रमण पर ले चलती हैं।

मीरा ठाकुर से मेरा परिचय सोलह वर्ष ‘नया’ (नहीं ‘पुराना’) है। ‘नया’ का विशेषण मुझे उनसे हुई हर भेंट में उन्हें कुछ अधिक जानने-समझने का अवसर दे जाता है। ‘पुराना’ कहते ही नवानुशीलन, नूतन गवेषणा तथा नवीन रचनासूत्रों की

संभावनाओं की इतिश्री हो जाती है। उनसे मेरी यह पहचान दुबई की क्रीक से आती सीली बयार सी ही ताज़गी, उत्साह और उन्माद भरी है। उनको जितना जाना, उतना ही सराहा है। उनके व्यक्तित्व की वृष्टि में उनके सान्निध्य की समस्त सृष्टि सदा ही स्नेह-ममत्व से सराबोर हुई है।

उनके लेखन में शब्द-संयोजन, भाषिक ज्ञान, तार्किक-मार्मिक बानी सदा से ही मुझे आकर्षित करती रही है। प्रकृति की छोटी से छोटी वस्तु पर भी उनकी पैनी दृष्टि पड़ती है और वह उनकी कलम से आकार पाकर कुछ और निखर आती है, कुछ और दर्शनीय हो जाती है। वे कहीं भी जाती हैं, उनका कवि व्यक्तित्व साये की तरह साथ चलता है। हृदय को नैसर्गिक सौष्ठव के अधीन छोड़कर अपने बौद्धिक तंतुओं से उसे खींचकर वे मनवीणा के तारों से शब्दों के आरोह-अवरोह में उपस्थित को उँडेल देती हैं और उस कृति से पाठक और श्रोता उसी वातावरण की निर्मिति अपने आस-पास करने में सक्षम हो जाते हैं। 'देवदार' कविता इसका सशक्त दृष्टांत है।

सामाजिक विसंगतियाँ उनके कोमल मन को उद्वेलित करती हैं तो विशुद्ध सौजन्य उन्हें आह्लादित करता है। दोनों पर ही उनकी कलम बराबर भेदविहीन चलती है। 'आज भी लोग अच्छे हैं' और 'कल सुबह होने पर' ऐसी ही दो कविताएँ हैं जो अलग-अलग परिवेश और सर्वथा पृथक पर्यवेक्षण-निरीक्षण की उपज हैं। कुरीतियाँ, असमानताएँ, अन्याय उन्हें विचलित करते हैं और उनके शब्द प्रत्यंचा पर चढ़ बैठते हैं। अपनी कविताओं से, वे अवसर मिलते ही समाज को सीख देने से नहीं चूकतीं। उनकी हर कविता में एक गहरी बात सहजता का लिबास पहने आती है और एक ही पठन में पाठक में रम जाती है। उनकी कविताएँ दुरूह नहीं, अत्यंत सरल हैं। वे बिना लाग-लपेट के, सीधी-सीधी, आडम्बरहीन आम भाषा में रची गई हैं। ये कविताएँ पाठकों के हृदय में सुविधा से घर कर जाएँगी और विस्मृत न होने पाएँगी। ऐसे ही रचनाधर्म को दत्तचित्त निभाते हुए वे अपने कर्मपथ पर अग्रसर हो नवीन काव्य की सृजन करती रहें, यही मंगलाकांक्षाएँ हैं।

18. मीमांसा

कांतियुक्त-क्रांतिमान लावा की धारा – 'अभी अँधेरा है'

सलमा प्रकाशन, बीकानेर से 1993 में प्रकाशित मोहम्मद सदीक भाटी जी की पुस्तक 'अभी अँधेरा है' प्राप्त करने का संयोग हुआ। यह पुस्तक लेखक की ही सुपौत्री सुश्री कौसर भुट्टो के स्नेह के कारण भेंट में मिली। पुस्तक को छपे आज 30 वर्ष हो चले परंतु उसकी षडाधिक रचनाओं का सूर्य अभी भी प्रकाशमान है और अपने नाम को चुनौती देता हुआ जग में उजाला फैला रहा है।

श्री जमाल खान भाटी के पुत्र मोहम्मद सदीक भाटी ने स्वतंत्रतापूर्व भारत के नागौर नामक स्थान पर जन्म लिया जो राजस्थान राज्य के एक ऐतिहासिक व धार्मिक स्थल के रूप में विख्यात है। अपनी माटी का अहसास ही कुछ ऐसा है कि अंग्रेज़ी में निष्णात की उपाधि ग्रहण करने के पश्चात भी सदीक भाटी जी ने हिंदी व उर्दू को अपना कर्मक्षेत्र चुना। यद्यपि जीवन-निर्वाह के लिए उन्होंने अंग्रेज़ी भाषा का अध्यापन कार्य किया किंतु जब-जब देह से ऊपर उठ हृदय के लिए कलम उठाई तो अपनी मातृभाषा राजस्थानी व हिंदी में अपने मन के उद्गारों को वाणी दी। दोनों ही भाषाओं के व्याकरण से उन्हें अगाध प्रेम था और वे दोनों भाषाओं के शास्त्रज्ञाता भी थे। प्राचार्य के पद से सेवानिवृत्त भाटी जी के अपने जीवनकाल में तीन काव्य-संग्रह प्रकाशित हुए जिनमें से दो राजस्थानी भाषा के हैं और एक हिंदी का। अल्पकाल में ही असमय वर्ष 1998 में परब्रह्म में विलीन हो जाने के कारण उनका बहुत सारा लेखन अप्रकाशित ही छूट गया था। उनकी पौत्री कौसर भुट्टो ने बड़े होकर अपने दादा जी के गूढ़ लेखन से प्रभावित होकर उनकी अप्रकाशित कुछ रचनाओं को संकलित कर उनकी चौथी पुस्तक का प्रकाशन करवाया जिसका शीर्षक है- 'चेते रा चितराम'। आज उनकी तीसरी पीढ़ी उनके नाम को रोशन कर आगे बढ़ा रही है। यह एक बड़ा सराहनीय-प्रशंसनीय कदम है। इस प्रयास के लिए सलाम है कौसर भुट्टो को।

अपने जीवन में सदीक भाटी जी को बहुत से पुरस्कारों से नवाजा गया। देश की समकालीन सुविख्यात पत्रिकाओं में उनकी रचनाओं का निरंतर प्रकाशन हुआ। वे राजस्थानी भाषा साहित्य तथा संस्कृति आकादमी राजस्थान बीकानेर की

कार्यकारिणी सभा के सदस्य पद पर भी कार्यरत रहे। यह एक श्रेष्ठ रचनाकार के लिए उत्तम पुरस्कार ही कहा जाएगा कि उनकी कुछ कृतियाँ राजस्थानी भाषा की पुस्तक में सम्मिलित कर राज्य के छात्रों की पाठ्यवस्तु बनी हुई हैं। यह बहुत ही सम्माननीय और गौरवपूर्ण बात है कि उनकी कई कविताओं का अन्य देशीय व प्रांतीय भाषाओं में अनुवाद भी हुआ और उन्हें संगीतबद्ध कर बहुत रो संगीतकारों ने गीत प्रस्तुत किए हैं। पुस्तक पाठक के लिए पठनीयता की सुविधा भी प्रदान करती है। इसकी कविताओं को तीन खंडों में विभक्त किया गया है- 'गहरे बहुत गहरे', 'साँसों पर पहरे' और 'जुबाँ पर दर्द'।

पहले खंड 'गहरे बहुत गहरे' पर दृष्टि डालें तो उनकी कविताओं की यह विशेषता है कि वे एक सामान्य-सी स्थिति को प्रकट कर एक गहरी सीख अपने पाठकों को सामने रख देते हैं। ढलान पर मिलने वाली गति में सफलता समझने वाले मूढ़ प्राणियों को वे चेताते हैं-

'यह ढलान है प्यारे

चढ़ना नहीं उतरना है।

तेज रफ़्तार के साथ।'

बात को दृष्टांतों के माध्यम से धीमे से कह जाना कोई सदीक भाटी जी की कविताओं से सीखे। 'चींटियाँ नरभक्षी हैं' कविता में पददलित चींटियों की अदम्य क्षमताओं का जिस सहजता से उल्लेख कर मानव को चेतावनी दी है वह देखने योग्य है। इसी कविता में संगठन की ताकत को भी रेखांकित किया गया है।

इंसान की मूक-बधिर प्रवृत्ति को भी खूब उकेरा है कविता 'भारी भीड़ में से'। आदमी किस प्रकार बोलने के समय चुप रहता है और सुनने के समय बहरा हो जाता है और अपने परिवेश से अनजान बन असामाजिकता में योगदान देता रहता है और इस प्रकार समूची इंसानियत की कब्र खोद देता है, इसे मिस्र की ममी से तुलनात्मक रूप में प्रस्तुत कर कविता को आलंकारिक रूप प्रदान किया है-

'जकड़ते, जड़वता प्रदान करते संस्कारों के-
पिरामिड में दफ़नाया सा...'

'समूची धरती के कुबड़े' में कवि जिस मानव जाति से संबोधित हैं उन्हें समझने के लिए हरिवंशराय बच्चन जी की कविता की पंक्ति 'जो सीधी रखते अपनी रीढ़' को समझना आवश्यक प्रतीत होता है। यहाँ कवि वक्रोक्ति के माध्यम से उन रीढ़हीन संतति का उल्लेख करते हैं जो अपने कर्तव्यों से विमुख होकर अतीत के अनचीह्रे तथ्यों व अवयवों को भविष्य के पाले में फेंक निश्चिंत सो जाते हैं और वर्तमान समय उनके अभाव में कष्ट भोगता है।

गरीबी और बेकारी का भयावह दृश्य उपस्थित करते हैं वे पीड़ा के माध्यम से जहाँ नंगे-भूखे भिखारी को मात्र देखते रहने और उसकी मदद न कर पाने का अहसास कवि को सिहरा जाता है। भावनाओं के मानवीकरण का यह कविता श्रेष्ठ उदाहरण बन पड़ी है-

'...उसके विधुर होते विश्वास
बिन ब्याही विधवा सी
बलात्कारित होती हुई आशा...'

समाज में व्याप्त असमानता के इसी भाव को पानी के द्वारा किए भेदभाव के माध्यम से वे उजागर करते हैं कि पानी-

'...प्यासे की प्यास तो बुझाता है
परंतु भूखे की भूख नहीं।
पानी से भूख की आग भभकती है'

इस वक्रोक्ति में जो दयनीय दशा पाठक के समक्ष उभरकर आती है वह उसकी आँख के पानी को भभकाकर रख छोड़ती है।

मनुष्य को फ़ैक्ट्री की उपमा देकर मानवीय नित्यकर्मों की प्रकृति के नित्यकर्मों से सफल भेद इंगित किया है कवि ने कविता 'भौतिक भोग का भोक्ता' में जहाँ मानवीय उत्पाद बदबूदार हैं तो प्राकृतिक उत्पादों की खुशबू मानव निर्मित कचरे को ढँकने के काम आती है। 'बाहर या भीतर के किसी गंधी से उधार...' पंक्ति से मुझे 'कस्तूरी कुंडली बसे' पंक्ति स्मरण हो आई और भीतर की गंधी का अर्थ समझ आया।

कैंची और फीते के अटूट रिश्ते में किस प्रकार कवि शोषक व शोषित का नाता खोज निकालते हैं, चकित करता है। 'उद्घाटन स्थल पर' कविता में शोषण के विरोध में आवाज़ उठाने के लिए शोषितों की छटपटाहट को भी स्वर मिला है।

दूसरे खंड 'साँसों पर पहरे' में सम्मिलित कविताएँ गेयता से भरपूर हैं। खंड के प्रारंभ में ही कविता 'नमस्ते जी!' बहुत आकर्षित करती है। मेरा सौभाग्य रहा है कि इस कविता को उनकी पौत्री के मधुर स्वर में कई बार सुनने का मौका मिला है।

'अपना नाम नमस्ते जी, अपना गाँव नमस्ते जी।
अपना काम नमस्ते जी, अपना दाम नमस्ते जी॥

मनुष्यता की सही पहचान उद्बोधित करती है ये पंक्तियाँ जो कि गीत की तरह गाए जाने पर मुखड़े के धर्म का निर्वाह करती हैं। किस खूबसूरती से इसमें दूसरे के सम्मान और अभिवादन-अभिनंदन को कवि भाटी जी ने अपना नाम-काम-दाम बताया है और यही अपने रहने का पता भी सूचित किया है। इसी भाव को प्रस्फुटित करता एक अन्य गीत है, जिसे कौसर के मुख से सुनकर उनके दादाजी के प्रति श्रद्धा का विकास हुआ है-

'आपको सलाम मेरा सबको राम-राम,
अब तो बोल आदमी का आदमी है नाम'

इस गीत के बोल मुझे सदा ही कवि मैथिलीशरण गुप्त जी की कविता 'मनुष्यता' की याद दिलाते हैं।

एक अन्य गीत में गंगातट पर रहने वालों के भाग्य की सराहना करते हुए कविमन बोल उठता है-

'तुम्हें ज़िंदगानी सुहानी मिली है
ये गंगा के जल की रवानी मिली है।'

उनके गीतों की मात्राओं को गणना की आवश्यकता नहीं और न ही किसी मीटर से मापने की ज़रूरत है, जिह्वा पर आते ही शब्द स्वयं एक के बाद एक फिसलते चले जाते हैं।

'उठ जाग धरा धर पग दो पग
अब हो जग में जगमग-जगमग'

इन गीतों में अंतर्निहित भावनाओं को यदि हम समझ सकें तो कहीं न कहीं ये नवगीत के निकटवर्ती निकलते हैं। सदीक भाटी जी के गीतों को गुनगुनाते हुए यह अहसास होता है कि हो-न-हो नवगीत का यह प्रारंभिक स्वरूप ही रहा होगा। एक उदाहरण ध्यातव्य है-

'मैं अनंत का अंश मात्र हूँ
अंश-अननंत का नाता है।
मुझ में तुझमें भेद कहाँ तू
मुझ में रोज़ समाता है।'

अन्याय के जड़ों को तलाशते हुए व्यथित मन कह उठता है-

'ऊपर से कब बरसी वर्षा
जुल्मों के उपहार की।
धरती से उपजी है पीड़ा
सारे अत्याचार की।'

इस गीत पर निगाह जाते ही नवगीत की परिकल्पना मस्तिष्क में उभर आती है। परपीड़ा पर कवि की कलम बार-बार फिसलती दिखाई देती है। खंड के नामांकन वाला गीत ही देखिए। ‘नपी-तुली साँसों पर पहरे’ में कवि कह उठते हैं- ‘बावरी पीर नहीं सोई, आपकी आँख नहीं रोई।’ इसी क्रम में वे एक अन्य गीत में कहते हैं- ‘दर्द मेरी बाँसुरी का गीत हो गया।’

समाज की विसंगतियों पर प्रहार करता हुआ कवि हृदय प्रेम से रीता हुआ कदापि नहीं है। वह प्रीत की फुहार से भी अक्षरों को भिगो लाता है-

‘मीत मेरे अब प्रीत के घन
मन-मरुधर में बरसाओ ना’
यह मासूम बूँदें ये हलकी हवाएँ
घनी गहरी ज़ुल्फ़ों सी काली घटाएँ

समाज को तथा भावी पीढ़ी को सीख देती उनकी यह कविता बहुत निराली बन पड़ी है। मधुरता व ताज़गी की सीली बयार से भरा उनका सरल-सा अंदाज़ बहुत भाया है। आप भी देखिए-

विश्वास की लो पतवारें
जीवन नौका को खेना है।
कहीं न रुकना तूफ़ानों में
विश्वासों का यह कहना है।’

इस खंड के अंत में सभी कविताएँ पढ़ने के बाद मन अनायास ही पहले खंड से तुलना कर बैठता है और दिनकर याद आते हैं। साथ ही याद दिलाते हैं यह पंक्ति- ‘गीत-अगीत कौन सुंदर है?’

तीसरे खंड ‘जुबाँ पर दर्द’ लाजवाब गज़लों का संग्रह है। अपनी गज़लों में भी वह मनुष्य की खराब आदतों का ज़िक्र करने से नहीं चूकते।

'एक तरफ़ फूलों की बगिया
एक तरफ़ कचरे का ढेर'

एक गज़ल 'शहर तो है मगर सस्ता नहीं है' हिंदी के महान कवि अज्ञेय जी की याद दिलाती है। अज्ञेय जी साँप से पूछते हैं-

'साँप!
तुम सभ्य तो हुए नहीं
नगर में बसना
भी तुम्हें नहीं आया।'

साँप को भाटी जी भी देखते हैं, मगर अपने क्षेत्र के साँप को वे असभ्य नहीं पाते। उसकी स्थिति की विवशता भी वे बताते चलते हैं।

'यह सभ्य साँप है फन मारता है
डराता है मगर डसता नहीं है'

पुस्तक का शीर्षक अपने भीतर समाए हुए गज़ल 'अभी अँधेरा है' आशावादिता के संचार की नव किरण लेकर आती है। -

'मुसकराओ अभी अँधेरा है
गीत गाओ ग़मों ने घेरा है।'

'काई' को फिसलन, ठहराव, व्यर्थता के रूप में लिया जाता है। 'माया को काई' लगना कहने में धनाढ्यता की सूचना मिलती है। गज़ल में इस शब्द का प्रयोग इस प्रकार समझ आया कि अचम्भा हुआ। उपमानों की नवीनता ने दाँतों तले उँगली दबाने को मजबूर कर दिया। आप भी देखिए-

'यहाँ हर तरफ़ ही काई है
कहाँ ज़िंदगी ले आई है।'

प्रकृति के उपादानों में मनुष्य अपनी भावनाएँ अकसर ही पाया करता है परंतु उनका बेहद सटीक प्रयोग सदीक भाटी जी ने किया है-

‘जब-जब अपना दम घुटत है हवा चली है।
जब-जब पूरब लाल हुआ है रात ढली है॥’

जो मनुष्य है उसे दर्द होगा ही। कहते ही हैं कि जब तक दु:ख न हो, सुख की कीमत कहाँ पता चलती है। जब तक रात न हो, उजाले का महत्त्व किसने जाना है। कुछ ऐसे ही भाव लेकर वे आए हैं इस गज़ल में-

‘तेर बंदों की बात कौन करे।
दर्दमंदों की बात कौन करे॥’

हर मनुष्य दर्द से गुज़रता है फिर भी दूसरों को दर्द देने से हिचकता भी नहीं। आजकल दुनिया में स्वार्थ, लोलुपता, ईर्ष्या का बोलबाला है। रहीम कहते ही हैं- ‘रहिमन विपदा हूँ भलि, जो थोरे दिन होए / हित-अनहित या जगत में जानि परत सब कोए॥’ श्रद्धेय सदीक जी का मन भी बोल उठता है-

‘गाज़ तो मुझ पर गिरी और लोग पहचाने गए।
मर गया बीमार तब ये रोग पहचाने गए॥’

स्मरण हो आती है वह लोकोक्ति कि ‘का वर्षा जब कृषि सुखाने’।

मुक्तक लिखने में भी भाटी जी का कोई सानी नहीं है। यह उस समय की नवीन विधा रही होगी। इससे उनके अत्याधुनिक प्रयोगवादिता का भी पता चलता है। उनके मुक्तक समाज को गहरी सीख दे जाते हैं।

भाषा की दृष्टि से ये कविताएँ बहुत धनी हैं। इनमें हिंदी के अलावा पंजाबी, राजस्थानी और उर्दू के शब्दों की बहुतायत में प्रयोग हुआ है। आमजन के समझे जाने

योग्य सरल शब्दावली का प्रयोग हुआ है। जटिलताओं से रहित सीधी बात सामने रखी गई है- सहभाव परिस्थितियों या घटनाओं के माध्यम से।

शब्दों का तुकांत प्रयोग उनके गीतों के सौंदर्य में वृद्धि करता है। यथा देखिए-

'क्या हलचल है कैसा पल है
कौन है दलदल कौन कमल है।'

उनकी आडम्बरविहीन भाषा सीधे हृदय में प्रवेश कर जाती है और स्थायी निवास बनाती है। उनके भाव से साम्यता तुरंत बैठ जाती है। आज इतने वर्ष बाद भी उनकी रचनाएँ ताज़गी का अहसास कराती हैं।

कविता में शब्द-युग्मों के प्रयोग से एक अलग ही शोभा बढ़ी है और उससे भाववृद्धि भी समृद्धि को प्राप्त हुई है।

यथा विपरीतार्थक बोध युग्मों का प्रयोग-

'वादी-विवादी
प्रतिवादी-संवादी
मूर्त-अमूर्त
सूक्ष्म-विराट
आदि-अनंत में...'
'साकार-निराकार'
'मनमौजी-निरंकुश'
'तिरते-डूबते हम'
'सत्य होकर भी मिथ्या...'
'जल में-थल में'

पुनरावृत्तिकारक युग्म, जैसे-

'बँटे-बँटे से

फटे-फटे से

कटे-कटे से'

उगसर्ग-प्रत्यययुक्त शब्दों के जोड़े-

'बंधन-गठबंधन

मान्यताओं-हठधर्मिताओं

जातिगत-व्यक्तिगत

भूतगत-भाग्यगत

भावगत-भ्रमगत'

'विशाल-विराट'

सत्ता व समाज की वृत्तियों के प्रति व्यंग्य उनकी कविताओं में बार-बार मुखरित हुआ है। उसके लिए वे वक्र उक्तियों का प्रयोग भी करते हैं-

'बचना अब तो कठिन हो गया

कैसी विकट घड़ी है

अपने चेहरे हाथ में ले लो

आगे भीड़ खड़ी है।'

भ्रांति अलंकार की सी स्थिति उत्पन्न होती है गीत के इस मुखड़े में-

'गली चली पैदल जब घर से

घर भी उसके साथ चला'

कुल मिलाकर यह पुस्तक नेत्रों के साथ मस्तिष्क की दावत है। इसमें वह खुराक शामिल है जो थोड़ी कड़वी तो लग सकती है परंतु गुणकारी औषधि के समान है। आशा करती हूँ कि उनकी राजस्थानी भाषा की पुस्तकों के हिंदी अनुवाद उपलब्ध हों

और उन्हें भी पढ़ा जाए। इसी भावना के साथ भाटी जी व उनके परिवार को उनके नाम का एक दीपक सदा जलाए रखने के लिए ऊर्जा की शुभकामनाएँ देती हूँ।

('थे मजा करो महाराज' में संकलित)

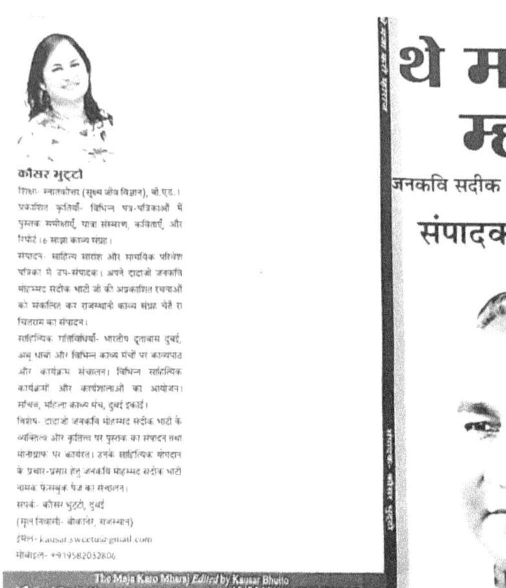

19. पुस्तक भूमिका

जीवन से मुखरित संवाद के नीड़ –
'मौन घरौंदे'

अरबी भाषा में कहानी को 'क़िस्सा' कहा जाता हैं। उर्दू में अफ़साना अथवा दास्ताँ शब्द का इस्तेमाल होता है। अनुमानत: अरबी से ही हिंदी में भी 'किस्सा' शब्द आया हो किंतु किस्सागोई भारत की प्राचीन परंपरा रही है। किस्सा कहने-सुनने का अपना एक इतिहास रहा है। कहने-सुनने से भी पहले समझाने और समझने की क्रिया आती है। जिस युग में भाषा का न मौखिक विकास हुआ था न लिखित, किस्से तब भी कहे-सुने जाते थे। एक पीढ़ी से दूसरी पीढ़ी तक मनोरंजक, रोचक और ज्ञानवर्धक किस्सों को संकेतों यानी हस्त-पाद संचालन और मुखमुद्रा परिवर्तन से हस्तांतरित किया जाता था। यही कारण है कि आज भी किस्सा सुनने में जो आनंद आता है, वह उसे पढ़ लेने में नहीं। पाषाण युग में मनुष्य ने औजारों से पत्थरों पर कलाकारी द्वारा रेखा-चित्र बनाकर किस्सों को आने वाले समय तक पहुँचाया और सुरक्षित किया। भाषा का क्रमिक विकास हमें कितने ही किस्से-कहानियों का भंडार देकर गया है।

कथा कहन के द्वारा ही मानव जाति निरंतर प्रगति पथ पर अग्रसर रही है। आवश्यक नहीं कि मनुष्य सब कुछ स्वयं के अनुभव से ही सीखे, दूसरों के अनुभव को सुनने-समझने से वह दोगुना सीखता है। हरिण अपने बच्चे को सिंह की शिकारी प्रवृत्ति के किस्से बताकर ही वह सिखा देते हैं जिसे अन्यथा वह अपने प्राण गँवाकर ही सीखे और सीखा हुआ अनुभव उसकी जीवनलीला के साथ ही समाप्त हो जाए। अत: किस्से-कहानियों का आगे बढ़ाया जाना नितांत ही आवश्यक है। अन्य प्राणी जगत के लिए भले ही ज्ञान बाँटने का तरीका युगों प्राचीन हो परंतु छपाई के आविष्कार के पश्चात मनुष्य के लिए तो यह कार्य सरल व सुगम हो गया है।

हिंदी भाषा में किसी घटना के वर्णन के लिए कई शब्द उपस्थित हैं- कहानी, कथा, किस्सा, वृत्तांत आख्यान, गाथा, गल्प आदि। एक समान प्रतीत होनेवाले इस शब्दों के अर्थ में गहरा अंतर है। कथा में कहानी का भाव निहित रहते हुए भी इसे धार्मिक या पौराणिक घटनाओं के कहने-सुनने से जोड़ा जाता है। किस्सा कहने से किसी बहुत छोटी-सी घटना का चित्र मस्तिष्क में उभरता है। वृत्तांत से कई घटनाओं की क्रमवार उपस्थिति का भाव आता है। आख्यान कहते ही सिलसिलेवार जीवन की घटनाओं के पढ़े-लिखे जाने का भान होता है। गाथा शब्द में व्यक्ति विशेष के जीवन की

नीतिपरक घटनाएँ, उसके साहस व शौर्य का बखान और उसकी उपलब्धियों का अहसास होता है। गल्प में कल्पना का भाव प्रधान होता है। कहने का तात्पर्य यह है कि मिलते-जुलते अर्थ होने के बाद भी घटनात्मक प्रस्तुतिकरण के लिए प्रयुक्त किसी विशेष शब्द को दूसरे से बदला नहीं जा सकता। प्रत्येक शब्द का अपना भाव व इतिवृत्त-वैशिष्ट्य है।

हिंदी साहित्य के कथात्मक गद्य को हम उपन्यास, नाटक, कहानी, एकांकी, लघुकथा, आत्मकथा, संस्मरण व जीवनी आदि विधाओं में बाँटकर अध्ययन करते हैं। इन सभी विधाओं में कहानी सबसे लोकप्रिय विधा है। इसमें वास्तविक घटना वर्णन से लेकर काल्पनिक चित्रण तक सभी प्रकार के भावों का समावेश सुगमता से किया जा सकता है।

कहानी को स्पष्ट करते हुए साहित्यकार रघुवीर सहाय जी कहते हैं-

''कहानी अन्य विधाओं की तरह जीवन की एक समझ पैदा करती है और जब नहीं कर पाती तो कहानी नहीं होती है।''

इस कसौटी पर श्रद्धा शुक्ला जी की समस्त कहानियाँ खरी उतरती हैं। उनकी प्रत्येक कहानी जीवन के मध्य से, जीवन के लिए, जीवन की समझ को बढ़ाती हैं। जीवन को निकट से जानने के लिए अलंकारों-आभूषणों से मुक्त होने के आवश्यकता को समझते हुए श्रद्धा जी सरल-सुगम भाषा का प्रयोग कर सीधे पाठक के अंतस से संवाद स्थापित करती हैं। प्रत्येक कहानी एक धार में बहती हुई-सी मानवता पर घड़ों पानी उँडेल जाती है। वे अधिक विवरण देने की अपेक्षा पाठक की समझ को टटोलती हैं और अंतिम निर्णय उसी के हाथ सौंपती हैं। सही-गलत, न्याय-अन्याय, शुभ-अशुभ के पक्षों पर कथा रूपी स्वेटर के फंदे पर फंदा चढ़ाते हुए वे उपदेश देने के स्थान पर पाठक को निज विवेक से सही मार्ग चुनने को प्रेरित करती हैं।

प्रो. मीनाक्षी श्रीवास्तव कहती हैं-

"कहानी किसी एक वस्तु पर केंद्रित रहती है और विविधता में से एकता को चुनती है। ...अत: कहानीकार का कार्य घटनाओं के चयन के संबंध में बहुत अधिक विवेकपूर्ण होता है।"

श्रद्धा शुक्ला की कहानियों से गुज़रते हुए मैंने यही विशेषता देखी कि वे एक ताल में बँधी हुई प्रतीत होती हैं। जब दादरा की दरकार हो तो मात्र 6 मात्राएँ और जब कहरवा की आवश्यकता हो तो 8 ही, न एक कम न एक ज़्यादा, अर्थात एक के बाद एक घटना ताल से ताल मिलाती हुई पाठक को उस राह पर ले जाने में समर्थ है जहाँ बाहरी शोर के मध्य विचरण करते हुए भी वह अंतर्मन की पुकार को सुन सके। सम्पूर्ण कृति विविध घटनाओं में एकता को चित्रित करती है और अपने उद्देश्य को प्राप्त करने में सफल रहती है।

कहानियों के नामकरण से लेकर पात्रों के नाम तक श्रद्धा जी बहुत सहज व सरल संज्ञाओं का चुनाव करती हैं। रहस्यमयी शीर्षकों के प्रपंच से दूर वे ग्राह्य शब्दों को अपनाती हैं। उनके पात्र भी आम जन-जीवन से आते हैं और हमारे आस-पास ही उपस्थित होने का अहसास कराते हैं। वे आम भाषा में ही अन्य चरित्रों से वार्तालाप करते हैं। कहीं भी कथोपकथन में कृत्रिमता का भाव नहीं उपजता। सभी पात्र हँसते-बोलते जीवंत प्राणी हैं। 'मौन घरौंदे' के सुकेश और नारायण दास अपने नामानुसार अपने संबंधों, सोच और प्रवृत्तियों का अहसास कराते हैं। 'प्रतियोगिता' कहानी के सौरभ और अनु, शिष्य-शिक्षिका के महत्त्वपूर्ण संबंधों की पड़ताल करते हैं और समाज के सामने एक आदर्श शिक्षिका के कर्त्तव्यों को उद्घाटित करते हैं।

अपनी कुशल लेखनी के माध्यम से श्रद्धा शुक्ला जी हमें अनेक उत्कृष्ट विचार और किंवदंतियाँ सौंपती हैं। 'साधना' कहानी में लेखिका कहती हैं- "आशा की एक लौ व्यक्ति के कदमों में जान डालती है। अँधेरे में रहनेवाले व्यक्ति को धीरे-धीरे अँधेरे से प्रेम हो जाता है लेकिन अँधेरे से लड़नेवाला व्यक्ति उजाले की किरण ढूँढ ही लेता है।"

'अनाथ' कहानी से उद्धृत यह पंक्ति दृष्टव्य है- "संबंधों की वैतरणी पार करना इतना भी आसान नहीं होता। यह नदी पार भी उतारती है, पर उफ़ान पर हो तो बड़ों-बड़ों को लील जाती है।"

रोजमर्रा के जीवन की छोटी-छोटी घटनाओं में कहानी बुनने का कौशल गहन अध्ययन की परिणति होता है। श्रद्धा जी ने अपना गृहकार्य खूबी के साथ किया और उसे पाठकों के समक्ष 'मौन घरौंदे' के रूप में प्रस्तुत किया है। इन कहानियों को पढ़ते हुए मैंने स्वयं को मौन घरौंदे के सन्नाटे में कैद पाया तथा इन कहानियों ने मुखरित संवाद के माध्यम से उस नीड़ के दर्शन कराए जिसे सच्चे परिजनों की आज भी तलाश है। संग्रह की 17 कहानियाँ पाठकों को जागृत करने में कोई पत्थर पलटने से नहीं चूकेंगी, ऐसा मेरा मानना है। इस सुंदर पुस्तक का पाठक और समीक्षक जगत में भरपूर स्वागत किया जाना चाहिए। श्रद्धा जी को 'मौन घरौंदे' और ऐसी ही अन्य भावी पुस्तकों की अनेकोंनेक अग्रिम शुभकामनाएँ!

20. व्यक्ति विशेष

महाविभूति डॉ. मधुकांत : युग-संतति के आदर्श

सती पांचाली ने भगवान शिव से वरदान माँगा कि वे ऐसे आत्मसाथी के वरण की ईक्षा करती हैं जो धर्मशील, शक्तिशाली, युद्धकुशल, धैर्यवान व रूपवान हो। एक व्यक्ति में इतने गुणों का होना असंभव था अत: वर की परिणति में पतिस्वरूप पाँच भाई उन्हें मिले। एक जीवन में अनेक दक्षताओं में पारंगत होना दिव्य मानव को भी सहज प्राप्य नहीं है। कतिपय गुण प्रकृति का उपहार होते हैं जिनका बँटवारा नियमानुसार होता है। कुछ गुण ऐसे होते हैं जिन्हें मनुष्य अपनी विद्या, बुद्धि, संवेदना से अर्जित करता है, इनकी कोई सीमा नहीं होती। राजा रंतिदेव ने स्वयं क्षुधाकुल होते हुए भी अपना भोजन अन्य को दान कर दिया, महाराज उशीनर ने अपना माँस देकर फाख्ता की रक्षा की तो प्राणियों और धर्म की रक्षा के लिए दधीचि ने अपनी हड्डियाँ तक दान कर दीं। दया-धर्म-परोपकार इसी श्रेणी के गुण हैं। ऐसे अनेकों गुणों के श्रीसिंधु के मंथन से निकले सुधा से भरे हुए कलश के रूप में अवतरित हुए हैं- डॉ. अनूप बंसल 'मधुकांत'। उनका जन्म ही कदाचित मानव-मात्र को सद्‌गुणों का संदेश देने के लिए हुआ है।

शिक्षा, साहित्य एवं सेवा के मानवीय प्रतिरूप डॉ. मधुकांत को हीरक जयंती में प्रवेश करने हेतु कोटि-कोटि शुभकामनाएँ! वे दीर्घायु हों, शतायु हों, साहित्याकाश में दैदीप्यमान उडुपति बन सदा कलम और कर्म के योद्धाओं का मार्ग प्रशस्त करते रहें, यही मनोकामना है। उनकी उपलब्धियों व समाजोपयोगी उपक्रमों से आज कौन अपरिचित होगा भला! हरियाणा में व्याप्त कुरीतियों को समाप्त करने में आपका अतुल्य योगदान है। क्रांति की मशाल हाथ में लिए आप अपने राज्य व देश के लिए समर्पित रहे हैं। आपके कार्यों की महत्ता का संज्ञान लेते हुए आपको राज्य सरकार तथा भारत सरकार से अनेकों बार पुरस्कार व सम्मान प्राप्त हुए हैं। प्राचीन कथा के अनुसार एक राजा ने तीन में से उस पुत्र को अपना उत्तराधिकारी बनाया था जिसने दिए हुए अनाज को धरती में बोकर उसकी कीमत लाखों गुणा बढ़ा दी थी जबकि अन्य पुत्र उसे बचाने के लिए सुरक्षा के उपाय करते रहे। आप भी पुरस्कार में प्राप्त धनराशि को उपकार कार्यों में लगाकर उसकी स्वर्णिम फसल लगाते रहे हैं।

सरस्वती की कृपा प्राप्त व्यक्ति ही शिक्षक बनता है। शिक्षक और साहित्यकार दोनों पदों पर आसीन व्यक्ति माँ शारदा से वरदान प्राप्त किए होता है। साहित्य निधि भी ऐसी कि 180 पुस्तकें, जो सुविधा से निवास में न समाएँ, उनकी स्तुत्य कलम द्वारा इतनी रची गई हैं। साहित्य को बहुत बड़ी समाज सेवा कहा गया है। किंतु डॉ. मधुकांत इतने से ही संतुष्ट नहीं होते और वे रक्तदान के माध्यम से मानव व समाज सेवा में जुट जाते हैं। केवल स्वयं के रक्तदान से ही जीवनदान देते तो भी वे कई जन्मों के पुण्य इसी जन्म में कमा रहे होते। एक संत के समान वे अपने संसर्ग में आने वाले को अपने पारस स्पर्श से सोना कर देते हैं और रक्तदान को प्रेरित कर देते हैं। आपका जीवन मानव जाति पर उपकार है। जीवन में आदर्श स्थापित करना अपने लेखन में आदर्श स्थापित करने की तुलना में कहीं कठिन है। उनका जीवन-दर्शन मानव जाति के लिए अनुकरणीय है। ऐसे महापुरुष को बारम्बार वंदन!

श्रद्धेय मधुकांत जी का एक चित्र देखा जिसमें वे स्वयं की रचनावली की 15 पोथियों के साथ आसीन हैं। मन में जिज्ञासा का बीज प्रस्फुटित हुआ कि एक जीवन में इतनी पुस्तकें लिखना मधुकांत जी के लिए किस प्रकार संभव हुआ। धीरे-धीरे जैसे-

जैसे उनको जानने का अवसर मिला, सहज ही ज्ञान का उदय हुआ और यह अनुभव हुआ कि सज्जन मनुष्य का विवेक, प्रज्ञा और उदारशीलता सदैव कार्यरत रहते हैं। यही भाव लेखन के सहचर बन साहित्य निर्माण करते हैं। उनको पढ़ना मस्तिष्क की समृद्धि के साथ ही आत्मा की संतुष्टि भी जाग्रत करती है। उनका लेखन बालकों, किशोरों, युवाओं, वयस्कों और वरिष्ठ; सबके लिए है। समाज का कोई वर्ग उनकी कलम की पकड़ से अछूता नहीं छूटा है। अपने जीवन में उनकी साहित्य-कृतियों की संख्या सहस्र पार करे ऐसी शुभाकांक्षा है।

डॉ. अशोक कुमार 'मंगलेश' जो स्वयं सरस्वती के सिद्ध साधक हैं, उनके द्वारा विद्यावाचस्पति डॉ. मधुकांत जी के अभिनंदन में इस ग्रंथ का निर्माण अतुलनीय सहारना का कार्य है। एक उपासक को दूसरे उपासक की अनुपम भेंट विश्व में नए कीर्तिमान गढ़ेगी, ऐसा मेरा मानना है। आने वाली संतति इन दो महाविभूतियों के मार्ग पर चल स्वयं को धन्य अवश्य समझेगी।

21. अध्याय समीक्षा

वेद शास्त्र और पर्यावरण संकट

'साहित्य में पर्यावरण का वैज्ञानिक अध्ययन' बहुत ही रोचक, आवश्यक और गहन विषय आपने इस पुस्तक में उठाया है। जब मुझे इसकी इलेक्ट्रॉनिक प्रति मिली और मैंने समर्पण सूत्र पढ़ा- 'समस्त रचनाकारों को जो पर्यावरण-संकट को लेकर चिंतित हैं और उनकी रचनाओं में यह चिंता अभिव्यक्त हुई है।' कुछ यहीं से मैं इस पुस्तक से जुड़ गई। लगा कि जैसे मेरे ही लिए यह लिखा गया है। मुझे पसंद आया उनका समर्पण क्योंकि मेरे उपन्यास 'कारागार' की नायिका चारु भी पर्यावरण के लिए अति सजग है।

पुस्तक का सार और मनुष्य को समझने के लिए सबसे बड़ी बात जो मीरा जी ने 'अपनी बात' में कही है, ध्यान देने योग्य है – पृष्ठ 9 पर वे लिखती हैं-

'यह पुस्तक इस मिथ को तोड़ रही है कि प्रकृति ही पर्यावरण है। ...पर्यावरण की अवधारणा बहुत व्यापक है। इसमें मनुष्य, समाज और उसके परिवेश से जुड़े हर पक्ष शामिल हैं। सृष्टि को संचालित करने वाले पाँच घटक (पृथ्वी, जल, अग्नि. आकाश और वायु) के अलावा रेडिएशन से होने वाले प्रभावों का आकलन भी इसमें शामिल है। पृथ्वी के दोहन की सख्त मनाही और ताकीदें इसमें हिस्सेदार हैं।'

आगे जब वे अंग्रेज़ों की वन नीति, वन संरक्षण और आदिवासियों द्वारा विद्रोह की बात करती हैं तो मुझे याद आते हैं सीशेल्स के जंगल, जिसमें हर पेड़ को एक नम्बर दिया गया है।

मीरा जी के शोध प्रबंध में द्वितीय अध्याय पर दृष्टिपात करते हैं-

ऋषि-मुनियों द्वारा वनों में रहकर किए गए यज्ञ का धुआँ पर्यावरण को शुद्ध और स्वच्छ रखने में सहायक होता था। इसी क्रम में वेदों की उत्पत्ति और मान्यताओं पर बात करते हुए वे जीवन के अनिवार्य पाँच मूल तत्त्वों का वेदों में जहाँ-जहाँ उल्लेख मिलता है, उसे बारीकी से रेखांकित करती चलती हैं। वेदों में निहित प्राकृतिक शक्तियों के सामर्थ्य और स्तुतियों को भी वे अपने इस अध्याय में बताती हैं। इन स्तुतियों में प्राणी की ओर से विनम्रता और कृतज्ञता का भाव है तथा कल्याण और

हित के लिए उनका आह्वान किया जाता रहा है। ऋग्वेद में प्रकृति के अंश तलाशकर वे बताती हैं कि अग्निदेव और इंद्रदेव को क्यों पूजा जाता है।

ऋग्वेद संहिता भाग-1 में संदर्भित- पृथ्वी और उससे उपजे अन्न द्वारा प्राणी का पोषण, मनुष्य द्वारा उसका दोहन और प्रकृतिगत असंतुलन के बारे में मीरा जी बताती हैं। वेदों में वरुण देव की स्तुति का पर्यावरण से सीधा संबंध है, इस पर भी वे प्रकाश डालती हैं। ये स्तुतियाँ शक्तिमान देवताओं से संतुलन स्थापित करने की प्रार्थना के रूप में आती हैं।

मकर संक्रांति के पर्व को मनाने के औचित्य को वर्णित करते हुए सूर्य, और पृथ्वी द्वारा उसकी लयबद्ध परिक्रमा और उसके कारण जीवन के अस्तित्व पर वे प्रकाश डालकर सूर्य देव की स्तुति और जीवन की गतिशीलता का पर्व बताती हैं।

प्राचीन मिस्र में भी जब पूजा का प्रावधान था तब सूर्यदेव को सबसे शक्तिशाली देव और समस्त ऊर्जाओं का मुख्य स्रोत माना गया था। सूर्यदेव को 'रा' कहा जाता था। फिर उनके काल प्रधान विभिन्न प्रतापों को पहचान कर उन्हें होरस, अमुन और अतुम तीन रूपों में माना गया जिनका अर्थ क्रम से भोर का सूर्य, अपराह्न का सूर्य और संध्या सूर्य है। तीनों रूप में देव 'रा' की प्रार्थना मिस्र में भी धरती पर जीवन-ऊर्जा में संतुलन बनाए रखने के लिए की जाती थी।

मीरा जी ने उन ऋचाओं का उल्लेख अपने शोध में किया है जो जल, वायु, वनस्पति, मेघ, वर्षा और विद्युत की प्राकृतिक प्रक्रियाओं में धरती के मनुष्य के कल्याण के तथ्य सामने रखती हैं और विशुद्ध रूप से पर्यावरण संरक्षण से सम्बद्ध हैं।

अथर्ववेद में 'कृत्यादूषण' पर विस्तार से चर्चा करते हुए वे बताती हैं कि कभी-कभी लक्ष्य को सिद्ध करने के लिए बुरे फल भी प्राप्त होते हैं जैसे समुद्र मंथन में रत्नों के साथ विष का निकलना। आज के संदर्भ में मनुष्य की सुख-सुविधाओं के उत्पादों को बनाने वाली फ़ैक्ट्रियों से नदियों और वायु का प्रदूषित होना। इस प्रकार अभीष्ट से अनिष्ट को वे व्याख्यायित करती हैं। अथर्ववेद मनुष्य और पर्यावरण के अधिक

निकट है क्योंकि यह 'सृष्टि के गूढ़ रहस्यों, दिव्य प्रार्थनाओं, यज्ञीय प्रयोगों, रोगोपचारों, विवाह, प्रजनन, परिवार-समाज व्यवस्था, आत्मरक्षा आदि जीवन के सभी पक्षों का समावेश करता है।

यजुर्वेद को उन्होंने वैज्ञानिक प्रवृत्ति की जानकारी से भरपूर बताया है जो कि पर्यावरण को केंद्र में रखकर चलती है। इसमें पर्यावरण के लिए अति महत्त्वपूर्ण तत्त्व हिंसा का निषेध और जीवों के संरक्षण की बात भी कही गई है। इसी परिप्रेक्ष्य में प्रकृति से छेड़छाड़ और उसके आपदा रूप में परिणामों का वे जिक्र करती हैं।

सामवेद का संबंध गायन और संगीत से है। वे इस तथ्य को उजागर करती हैं कि संगीत के भाव गान से असाध्य रोगों, तनाव, आशंका, भयजनित पीड़ा आदि मानसिक व शारीरिक रोगों का निराकरण किया जा सकता है। पौधों में वृद्धि, गौ और दुग्ध देनेवाले जीवों पर संगीत से पड़ने वाले मनोवैज्ञानिक प्रभावों का आकलन आज गंभीरता से किया जा रहा है। संगीत मन-प्राणों की आवश्यक खुराक है। इससे मन को स्थिरता और शांति मिलती है जो चिंतन दिशा को रचनात्मकता प्रदान करती है।

इसी अध्ययन के दौरान वे उपनिषदों का पर्यावरण के संदर्भ में गहन विवेचन करती हैं। रामायण में पर्यावरण संबंधी अंशों को लक्षित करती हैं। श्रीमद्भागवत भी उनकी शोध दृष्टि से अछूता नहीं रहा है तो भगवद्गीता के उपदेशों में भी उन्होंने पर्यावरण के स्वरूप को टटोला व परखा है। उनका कहना है कि-

'पौराणिक साहित्य को उपेक्षित मानकर छोड़ दिया गया था जबकि इन्हीं ग्रंथों ने जानकारी दी है कि पर्यावरण संरक्षण के मानक क्या होने चाहिए। क्योंकि इन ग्रंथों में प्रकृति और पंच तत्त्वों को ईश्वरीय श्रेणी में रखकर इनका आह्वान किया गया है कि ये प्राकृतिक शक्तियाँ संतुलित रहकर धरती का कल्याण करें। ये वैदिक ऋचाएँ धरती के मनुष्य के कल्याण को प्रमुखता से स्वर दे रही थीं। वैदिक ऋषि इन मंत्रों के सृष्टा नहीं दृष्टा थे। इन ग्रंथों और उपनिषदों का संबंध एक ओर प्राकृतिक शक्तियों से है और दूसरी ओर समाज और संस्कृति के संबंधों की व्याख्या भी इनमें मिलती है, जिसका संबंध मानवीय इतिहास से जुड़ा है।

श्रुत परम्परा भी यहाँ बराबर काम कर रही है। वाल्मीकि रामायण, महाभारत और श्रीमद्भगवद्गीता में पर्यावरण के प्रश्नों के समाधान खोजे जा सकते हैं। यहाँ शास्त्र और दर्शन की जड़ता को 'शांडिल्य भक्ति सूत्र' की मानवीय प्रेम की संवेदना से ओत-प्रोत भक्तिभाव ने तोड़ा है। इससे स्वस्थ पर्यावरण के निर्माण में सहायता मिली है। मनुष्य के लिए शास्त्र और समाज दोनों ही उपयोगी होते हैं। बुरी होती है इसकी जड़ता। मनुष्य विरोधी होते ही शास्त्र और समाज दोनों त्याज्य हो जाते हैं। जहाँ तक श्रुत परंपराओं में किंवदंती की बातें हैं तो कुछ नए तथ्य सामने आए हैं। हम रूढ़ियों का परित्याग करें। पौराणिक और ऐतिहासिक कथाओं को लोककथाओं से जोड़कर भी नए संदर्भ टटोले जा सकते हैं।

शोध प्रक्रिया से गुज़रते हुए मैंने धर्म को नहीं व्यावहारिक पर्यावरण विज्ञान को ध्यान में रखा है। मेरी शोध दृष्टि तटस्थ रही है। पौराणिक और ऐतिहासिक कथाओं को लोक मान्यताओं से जोड़कर नए अर्थ सामने आ रहे हैं। वाचिक और मौखिक परम्पराओं के ऐतिहासिक महत्त्व को स्वीकार किया जा रहा है। अब पुरातात्त्विक सर्वेक्षण के आधार पर इनके नए मायने खोजे जा रहे हैं। मिथकों और वृत्तांतों के ये मायने सभ्यताओं की अल्पज्ञात जानकारियों से सम्बद्ध हैं जिन्हें वाचिक इतिहासों और पुरातात्त्विक साक्ष्यों के समीकरणों से जोड़ा जा रहा है।'

लगभग 100 पेजों के शोध कार्य को कुछ पन्नों में समेटना असंभव सा कार्य है। अधिकतर वेदों में उनके द्वारा की गई छानबीन पर ही अधिक प्रकाश। इस आलेख में डाला गया है। अन्य ग्रंथों पर उनके शोध परिणाम भी समीक्षा की कामना रखते हैं। मीरा जी को इस महत्त्वपूर्ण शोध व पुस्तक की अनेकोंनेक बधाई व शुभकामनाएँ!

चिरकाल तक प्रतिध्वनित होती साहित्यिक पदचाप - 'आदि-इत्यादि'

'आदि-इत्यादि', डॉ. हरिसिंह पाल जी की पुस्तक का शीर्षक एक शंखनाद है, साहित्य के क्षेत्र में कथेतर गद्य तथा निबंध-संग्रह के नए आयामों और प्रतिमानों को गढ़ने का श्रीगणेश है। यह अपने जैसे अन्य ग्रंथों के समुदाय को अपने पीछे आने का संकेत लिए हुए हमारे समक्ष उपस्थित हुआ है। साहित्य में अपनी कल्पनाओं को वाणी देने और उसी की तूती बजाने वाले समय में यह बहुत साहसिक पदचाप है जो देर तक सुनी जाएगी और उसकी प्रतिध्वनि का अनुसरण करते बहुत से रचनाकार इस लुप्तप्राय निबंध विधा में अपना हाथ आजमाएँगे।

निबंध के बदलते स्वरूप पर पुरोवाक में बात करते हुए डॉ. पाल ने आलेख से इसकी भिन्नता को सूक्ष्मता से प्रतिपादित किया है। इस अंतर का सिंहावलोकन और विहंगावलोकन करवा, मस्तिष्क के कपाट खोल दिए हों मानो। पुरोवाक 'आदि-इत्यादि' के कोष को खोलने की चाबी जैसे बनकर सामने आया है। जितनी मूल्यवान सम्पत्ति होती है, उतना ही सशक्त उसका प्रहरी होता है। पुस्तक के निर्माण के इतिहास-भूगोल से लेकर दर्शन व उपादेयता पर उन्होंने हमारा ध्यानाकर्षण किया है। विविध विषयों पर सहस्रधिक लेख लिख चुके आदरणीय डॉ. पाल ने इस पुस्तक में 20 चुनिंदा लेखों को सम्मिलित किया है। ये सभी लेख अपने शीर्षक से ही पाठक को अपनी ओर आकर्षित करते हैं और एक बार पठन-मनन शुरू करते ही पाठक को बाँध लेते हैं। इन्हें चटपट पढ़ लेना भी इतना आसान नहीं है। एक-एक निबंध हमारी विचार-शृंखला को बुनता है। कुछ फंदे चढ़ाता है और कुछ उतारता रहता है। कुछ-कुछ उधेड़-बुन के बाद हमें एक पैरहन सौंप जाता है, जिससे हमारे व्यक्तित्व में कुछ और निखार आ जाता है। प्रत्येक निबंध में आत्मसात करने को इतनी सामग्री है कि एक पठन के बाद उसका मनन नितांत आवश्यक हो जाता है।

अपने निबंधों में वे सरल-सहज, प्रवाहयुक्त भाषा का प्रयोग करते हुए अपने विचारों को तथ्यसम्मत रीति से प्रस्तुत करते हैं। तकनीकी शब्दावली के आते ही, उसका अर्थ कोष्ठक में स्पष्ट कर बोधगम्यता की गति को धीमा नहीं पड़ने देते। दृष्टांतों

के माध्यम से वे वक्तव्य को समझाते चलते हैं। नागरी लिपि परिषद के महामंत्रीमय व्यक्तित्व की छाप उनके निबंधों में स्पष्ट परिलक्षित होती है। गरिमायी नागरी लिपि पर लिखे गए अनेक निबंध इस संग्रह का अंग बने हैं। उनके निबंधों में हिंदी की ऊँची उड़ान के साक्षी अपने पूरे अस्तित्व के साथ उपस्थित हुए हैं। विश्वभर के नागरीप्रेमी और उनके प्रतिनिधि भाषा की अनादि मशाल लिए 'आदि-इत्यादि' में अवतरित हुए हैं। हिंदी भाषा व लिपि के लिए किया गया उनका अथक श्रम पूरे प्रमाण के साथ निबंधों की वाणी बना है।

भाषावैज्ञानिकों तथा लिपि के पुरालेखकारों के लिए यह पुस्तक एक महत्त्वपूर्ण दस्तावेज है। हिंदी साहित्य और भाषा के शोधार्थियों के लिए यह अँधेरे में दीपक के समान आशा का उजास है। लिपि, भाषा और उसके भिन्न पहलुओं पर शायद ही कभी इतने विचारसमृद्ध निबंध पढ़े हों। जिस भाषा में बात करते हैं, उस भाषा की बेलाग-बे-लपेट, अपरिग्रहात्मक नीति से, उपयुक्तोक्तियों में बात इस संग्रह में हुई है। जिस लिपि को हम अपनी कलम में गढ़ते हैं, पहली बार उसने एक अति महत्त्वपूर्ण पुस्तक को गढ़ा है। सभी हिंदी-विद्यार्थियों को इस पुस्तक का लाभ उठाना चाहिए। डॉ. हरिसिंह पाल जी को 'आदि-इत्यादि' के लिए अनेकों शुभकामनाएँ!

23. पुस्तक भूमिका

प्रकाश गीतमय मधुरिम स्वर-सज्जित – 'दीप ज्योति'

रसों का अभिषेक ही काव्य है और रसाभिव्यक्ति का साधक ही कवि है। काव्य रचना ऐसी अर्चना है जिसके दूरगामी और अवश्यम्भावी परिणामों को नकारा नहीं जा सकता। अंतर्मन निर्झर से प्रवाहित निर्मल भावों को 'काव्य' रूपी पात्र में एकत्र कर, संयमित और संतुलित कर, कलम में उतारने वाले मनुज-शंकर सदा ही श्लाघनीय रहे हैं।

'दीप ज्योति' काव्य -संग्रह में 'तमसो मा ज्योतिर्गमय' की प्रार्थना भी है तो 'काल अंध' की चुनौतियों को स्वीकार करने का सामर्थ्य भी है; 'विश्वास विजय थाम हाथ में' चलने का भरोसा है तो 'अनंत अंत' तक रोशनी देते रहने का निवेदन भी है; 'नव प्रभात गढ़ने का संकल्प है, वहीं 'ज्ञान-ध्यान-प्रेम' के प्रसार का संयोजन भी है। संग्रह की सभी कविताओं में निश्छल, अनघ, सुरभित मन के भाव सुधा-सरिता सम छलके जाते हैं। यह विनयशील मन घुले-मिले गरल से भी अनभिज्ञ नहीं है। उसे संज्ञान है कि शुभ-अशुभ का चोली-दामन का नाता है, वह निश्चिंत नहीं है पीयूष पा जाने से। वह शिव बन हलाहल के निष्प्रभाव की निष्पन्नता पर भी ध्यान एकाग्र किए है।

इस पुस्तक की सभी कविताएँ मानव मन को आह्लादित करने के साथ ही परिणामच्युत-कर्मरत रहने को प्रेरित करती हैं। इन कविताओं का सौंदर्य इनकी सरलता-सहजता और अकृत्रिमता में निहित है। छंदों-अलंकारों के शृंगार से दूर नैसर्गिक अवस्था के भाव कोरे कागज़ पर यों उतरे हैं, कोयले की खदान से निकली हीरे की कनियाँ हों जैसे, अपरिष्कृत, अपरिमार्जित, अयौगिक।

'वागीश अंतर्राष्ट्रीय संस्था यू.ए.ई.' से समान-राशि और प्रशंसा-पत्र से इन रचनाओं को सम्मानित करते हुए हृदय में इन्हें पुस्तकाकार लखने की साध आज पूरित हो रही है जिसके लिए इसके रचयिता प्रो. सौरभ तथा उनकी धर्मपत्नी डॉ. राजश्री जी के प्रयास अत्यंत सराहनीय हैं व एतदर्थ यह युग्म अतीव बधाई का पात्र है। प्रकाश के कणों से रची इस सुमधुर कृति के लिए प्रो. सौरभ को अशेष शुभकामनाएँ!

दीप ज्योति
(कविता-संग्रह)
दीप ज्योति
प्रो॰ सौरभ
प्रो॰ सौरभ
जन्मतिथि: 14अक्टूबर,1976
जन्मस्थान: लखनऊ, उत्तरप्रदेश
शिक्षा: बी.डी.बी.ए., एम.बी.ए., पीएच.डी. (प्रबंध शास्त्र)
प्रोफेसर सौरभ तत्काल में सिद्धार्थ विश्वविद्यालय, कपिलवस्तु में वाणिज्य विभाग के संकायाध्यक्ष और व्यवसाय प्रबंधन विभाग में विभागाध्यक्ष के रूप में कार्यरत हैं तथा इससे पूर्व में श्री माता वैष्णो देवी विश्वविद्यालय, कटरा, जम्मू कश्मीर में व्यवसाय प्रबंधन विभाग के विभागाध्यक्ष के रूप में कार्यरत थे। आपको इंडियन सोसाइटी ऑफ एग्रीकल्चर इकोनॉमिक्स के उपाध्यक्ष के पद पर भी मनोनीत किया गया है। प्रो॰ सौरभ कुशल लेखक और वक्ता हैं। इनके साथ से भी अधिक शोध-पत्र राष्ट्रीय और अंतर्राष्ट्रीय स्तर की शोध पत्रिकाओं में प्रकाशित हो चुके हैं तथा प्रबंध शास्त्र में पुस्तक प्रकाशित है। हिंदी भाषा में भी डॉ. राजश्री के साथ इनकी पुस्तकें 'मेरा विद्यानन्दालय' तथा 'कुम्हर संस्कृति के अध्येता: प्रो. शिव निर्मोही (पद्मश्री) प्रकाशित है। आपका 'प्राण परिचय' नामक एक काव्य संग्रह भी प्रकाशित हो चुका है। आपकी लिखी कविताओं को अंतर्राष्ट्रीय स्तर पर प्रकाशित पुस्तक 'राष काव्य पीयूष' में भी स्थान प्राप्त है। आप विभिन्न काव्य मंचों पर सम्मानित किए जा चुके हैं। बागीश अंतर्राष्ट्रीय संस्था, यू.ए.ई. द्वारा आपके काव्य संग्रह 'दीप ज्योति' को 2024 में सम्मानित किया गया है।
संपर्क सूत्र:
206, रोहिणी आवास, सिद्धार्थ विश्वविद्यालय, कपिलवस्तु,
सिद्धार्थ नगर, उत्तर प्रदेश, पिन कोड- 272202
निर्मला प्रकाशन

24. पत्रिका

हिंदी का भावी नायक – 'प्रत्यूष'

विश्व हिंदी दिवस की महोत्सवी बेला और प्रत्यूष का लोकार्पण, बहुत सुंदर व अद्भुत संयोग! प्रत्यूष की यात्रा में यह छठा पड़ाव है। आश्चर्य व रोमांच का विषय है कि यह पत्रिका किसी संस्था, समुदाय, समिति से न निकलकर, एक विद्यालय से निकाली जा रही है। भारतीय विद्या भवन विद्यालयों की शृंखला में 'प्राइवेट इंटरनेशनल इंग्लिश स्कूल अबु धाबी' से यह पत्रिका गत 2 वर्षों से आ रही है। विद्यालयी पत्रिका होने के नाते इसका आकार-प्रकार तथा पृष्ठों की संख्या चकित करती है। जहाँ अच्छे-अच्छे संपादक व प्रकाशक 30-40 पृष्ठों से अधिक की सामग्री नहीं जुटा पाते, वहाँ यह पत्रिका मात्र अबु धाबी के शिक्षा-क्षेत्र से 100 पन्नों से अधिक की सामग्री हर तीसरे माह प्रकाशित कर रहे हैं। प्रत्यूष के छठे अंक के सफल लोकार्पण में विद्यालय के बालकों, हिंदी छात्र-छात्राओं के हिंदी के प्रति लगन, समर्पण, श्रद्धा और निष्ठा नमन योग्य है। बालकों को देखकर ही संभवत: इस श्लोक की रचना हुई है-

काक चेष्टा, बको ध्यानं, स्वान निद्रा तथैव च।
अल्पहारी, गृहत्यागी, विद्यार्थी पंच लक्षणं ॥

एक विद्यार्थी में यह पांच लक्षण अवश्यम्भावी होने चाहिए...

1. कौवे की तरह जानने की चेष्टा अर्थात हार नहीं मानने की आदत या हठी स्वभाव (perseverance) और अन्य शब्दों में अश्वत्थामा जैसी दृढ़ता या अंगद के पैर जैसे जमे रहने की शक्ति।

2. बगुले की तरह ध्यान, जिसे हम एकाग्रता कहते हैं यानी चित्त का संकेंद्रण (concentration), अर्जुन की तरह मछली की आँख में निशाना लगाने की कला, लक्ष्य को साधने के लिए सम्पूर्ण वातावरण का निर्माण।

3. कुत्ते की तरह सोना/निद्रा, यानी नींद में भी हल्की सी आहट से जागृतावस्था में आ जाना। अन्य शब्दों में अपने परिवेश से खबरदार रहना, सावधान (alertness) रहना।

4. संयमित खाना,अर्थात् थोड़ी मात्रा में खाना ताकि शरीर में चुस्ती-फुर्ती बनी रहे, सुस्ती न घेरे और मस्तिष्क व शरीर का पोषण करे। तामसिक भोजन का परित्याग कर सात्त्विक भोजन ग्रहण करना, विशेष रूप से जंक फूड से बचना।

5. घर त्यागने से अर्थ है अपनों को त्यागने से नहीं है वरन् घर से प्राप्त सुख-सुविधाओं के मोह को छोड़ खोजी प्रवृत्ति अपनाने और नवीन अन्वेषण (exploring tendency) की राह पर जाने से है।

इन पाँच गुणों को पूरी तरह अपनाकर ही विद्यार्थी कुछ सीख सकते हैं और ज्ञान स्थायी रूप से अर्जित कर सकते हैं।

पत्रिका 'प्रत्यूष' के लिए कार्य करने में परीक्षाएँ भी छात्रों के लिए बाधक न बन सकीं यह उनके जुनून और जोश का परिचायक है। अपने अध्यापकों के कंधे से कंधा मिलाकर कार्य करने वाले छात्र और उनका बोझ अपने सिर ले लेने वाले तो पहले ही सभी परीक्षाओं में उत्तीर्ण कहे जा सकते हैं। परीक्षाएँ हमें यही तो सिखाती हैं- जीवन जीने की कला और मुश्किलों से डटकर सामना करने की जज़्बा। बालकों और परीक्षार्थियों से मेरा कहना है कि परीक्षा से डरना नहीं है, डटकर उसका सामना करना है। परीक्षा अंतिम लक्ष्य नहीं है। अंतिम लक्ष्य शिक्षा है, विद्या है।

हमारे श्लोक हमें विद्या का महत्व बताते हैं-

अलसस्य कुतो विद्या , अविद्यस्य कुतो धनम् ।
अधनस्य कुतो मित्रम्, अमित्रस्य कुतः सुखम् ॥

जो आलस करते हैं उन्हें विद्या नहीं मिलती। जिनके पास विद्या नहीं होती वे धन नहीं कमा सकते। जो निर्धन हैं उनके मित्र नहीं होते और मित्र के बिना सुख कहाँ मिल सकता है। यहाँ मित्र से तात्पर्य हमारे संगी-साथी ही नहीं हमारे संबंधियों और रिश्तेदारों से भी है। हमारे अपने ही हमें सबसे अधिक सुख देते हैं। अपनों के बीच रहना हमें खूब भाता भी है। इस प्रकार ही आलस न करने वाले को ही सच्चे सुख की

प्राप्ति होती है। सुख को पाने के लिए श्रम करना पड़ता है जिसकी पहली सीढ़ी विद्यार्जन है।

यह जानते हुए भी हमारा समाज भौतिक सुविधाओं और तकनीकीगत प्रगति के कारण अपनों से दूर और तकनीकी दास हो रहा है। तकनीकी का सही प्रयोग करते हुए भी उसे स्वयं पर हावी नहीं होने देना है।

सीखना सब है किंतु अपने मस्तिष्क का प्रयोग बंद नहीं करना है। इसी से संबंधित ये कुछ पंक्तियाँ हैं-

कृत्रिम वातावारण हुआ सब
कृत्रिम मेधा के हम हैं पाले,
असली बुद्धि कुंद हुई अब
अक्ल पर जड़ गए हैं ताले।

चैट जीपीटी ने भाषा लूटी
शब्दों के पड़ गए लाले,
ए-आई ने शक्लें बदलीं
कौन जीजा तो कौन साले।

सृजन दैत्य ही निगल गया
सृजन के बीज निराले
नकली मानव के शोषण से
सूखे मानवता के नाले

मशीन से बेहतर काम जो लेना
मशीन से बेहतर खुद को बना ले,
मशीनें चले हमारे इशारे

हम न हों इनके हवाले।

मशीनों पर विजय प्राप्त करने के लिए उनके प्रयोग का सही ज्ञान आवाश्यक है। वे हमारी विकल्प न होकर सहायक हों, यह ध्यान रखना उपभोक्ताओं का कर्त्तव्य है। विद्यार्थियों को ज्ञान लेते और देते समय इन समस्त बिंदुओं को अपनाना है।

25. पत्रिका

'नागरी संगम' का 179वाँ अंक

अप्रैल-जून 2023 में प्रकाशित नागरी संगम का 179वाँ अंक मिला। सर्वप्रथम तो 44 वर्षों से सतत इस पत्रिका को प्रकाशित करने हेतु नागरी लिपि परिषद तथा केंद्रीय हिंदी निदेशालय को ढेरों बधाइयाँ! इस अंक को विशाखपट्टणम नागरी लिपि संगोष्ठी विशेषांक के रूप में पाकर अपार हर्ष का अनुभव हुआ। यह बहुत आशाजनक है कि न केवल देश के हर राज्य से बल्कि विदेशों में भी नागरी की ध्वजा फहरा रहे कीर्तिमान भाषासेवकों ने भी इस महत्त्वपूर्ण संगोष्ठी में हिस्सा लिया।

पत्रिका का संपादकीय बहुत ही सारगर्भित है और इस महाकुंभ के सम्पूर्ण महोत्सव की विशेष झलकियाँ प्रस्तुत करता प्रतीत हुआ। हिंदीतर क्षेत्रों के प्रतिभागियों के उत्साह के बारे में पढ़कर अपार हर्ष का अनुभव हुआ। वास्तव में यह कदम राष्ट्र को नागरी लिपि के एकसूत्र में बाँधने का सफल प्रयास ही कहा जाएगा।

नागरी लिपि के उद्गम से लेकर उसके भविष्य तक को आँकती प्रोफ़ेसर नीलू गुप्ता जी की कविता मन को छू गई। देवनागरी लिपि के गुण यूँ तो हिंदी जाननेवालों को ज्ञात हैं पर उन्हें बार-बार याद दिलाना बहुत आवश्यक है जो काम प्रो. भोलानाथ तिवारी ने बहुत ही सहजता व सरलता से दृष्टांत दे-देकर मनस में स्थायी रूप से अंकित कर देने का कार्य किया है। अंग्रेज़ी भाषा की वर्तनी व उच्चारण की असमानता से

हिंदी भाषा की क्षति का जो उल्लेख हुआ है, मैं उससे पूर्णत: सहमत हूँ। नाम में ‘अरोड़ा’ लिखने वाले अंग्रेज़ी में लिखकर जब उसे पढ़ते हैं तो वह ‘अरोरा’ हो जाता है। अपनी ही भाषा व लिपि के बीच दूसरी लिपि को लाकर किस प्रकार हमने ‘र’ व ‘ड़’ के इतने बड़े अंतर का सत्यानाश कर भाषा का नुकसान किया है। ऐसे ही अनेको उदाहरण व्यक्तियाचक संज्ञा के उपलब्ध हैं।

नागरी लिपि को भारतीय सांस्कृतिक समन्वय का सेतु बताते हुए प्रो. डॉ. शशिकांत सावन अपने शोधालेख में आदिकाल से इसकी स्थापना व उपादेयता पर भरपूर प्रकाश डालते हैं। डॉ. पूर्ण सिंह डबास के आलेख से वर्ण ‘ळ’ का विस्तृत परिचय मिला और ज्ञान में वृद्धि हुई। यह भी जानने को मिला कि इसका उपयोग किस-किस भाषा व बोली में किस प्रकार से विद्यमान है अथवा प्रचलित है। नागरी लिपि के सम्पूर्ण इतिहास व पूर्वज लिपियों की अद्भुत जानकारी मिली डॉ. के पद्मिनी द्वारा रचित पुरस्कृत आलेख में तो एस. अनंत कृष्णन द्वारा हिंदी प्रचार के प्रयासों और सूक्ष्मताओं को समझना बहुत रुचिकर रहा। डॉ. राजेंद्र मिलन का आलेख जनमानस में आशा का संचार करता है तो ललित शर्मा जी का आलेख भी शानदार बन पड़ा है।

डॉ. उमेश कुमार मिश्र जी द्वारा रचित आलेख ‘मानक वर्तनी एवं अशुद्धियाँ’ आलेख तो मुझे बहुत ही अधिक पसंद आया और मैंने उसे अपनी समस्त हिंदी अध्यापिकाओं तथा सम्पादक-मंडल से साझा किया ताकि उसका भविष्य में उपयोग कर अध्यापन व सम्पादन कार्य में तर्क-संगत सुधार व परिमार्जन किया जा सके। इसी प्रकार के मेरे अपने भी दो आलेख हैं- ‘वर्तनी और भ्रम व्याप्ति’ तथा ‘विराम को विश्राम कहाँ’। नागरी संगम में यदि कभी स्वररहित व्यंजनों के प्रयोग पर तथा उद्बोधन/उद्धरण चिह्नों के प्रयोग पर कोई आलेख छपे तो वह पत्रिका अवश्य पढ़ने और संग्रहण करने योग्य बनी है।

नागरी लिपि की विशाखपट्टणम संगोष्ठी की विस्तृत जानकारी से मन में यह आकांक्षा उत्पन्न हो रही है कि इसकी रिकॉर्डिंग मिल जाए तो हम भी लाभांवित हो

सर्कें। बहुत से नागरी-प्रेमियों के संदेश व प्रतिक्रियाएँ देखकर बहुत अच्छा लगा। कुल मिलाकर पूरी पत्रिका मुखावरण से पृष्ठावरण तक एक संग्रहणीय पूँजी के समान लग रही है। यह अंक बहुत ही मूल्यवान लगा है। इसी प्रकार अगले अंक की उत्कंठा और प्रतीक्षा है।

विमर्श रोशनाई

26. बाल दिवस विशेष

बाल साहित्य की यात्रा

बाल साहित्यकारों के मध्य एक विद्यार्थी बनकर बाल साहित्य की रचना प्रक्रिया सीखने का प्रयास करना आवश्यक है। बालमन की गहरी पड़ताल उनकी तोतली भाषा में ही समझने की ज़रूरत होती है। धन्य हैं वे साहित्यकार जिन्होंने बालमन की गाँठें खोल पाठकों को उनमें झाँकने का अवसर दिया है। मन्नू भंडारी का उपन्यास 'आपका बंटी' और मैत्रेयी पुष्प। की कहानियाँ 'तुम किराकी हो निन्नी?' तथा अन्य बहुत-सी कहानियों में बालक के मन की गहरी पड़ताल मिलती है। इन कहानियों से वयस्क पाठकों को बच्चों को समझने में मदद मिलती है। किंतु वास्तव में बाल रचनाएँ उन्हें माना जाता है जो बालकों के पठन-पाठन के योग्य हों।

बच्चों के लिए काम करने का सबसे बड़ा लाभ यह है कि कार्यकर्ता कभी वृद्ध नहीं होता, युवा बना रहता है। बच्चों से सामंजस्य बिठाने की कला में निपुण होने से वह प्रौढ़ता को पास फटकने नहीं देता, वृद्ध तो कैसे होगा भला? लेकिन बच्चों के लिए लिखना इतना सरल नहीं है। उनकी कोमल भावनाओं तक पहुँच बनाना, उनकी

विचार शृंखला में कड़ी बनकर जुड़ना आसान काम नहीं है। कौन-सी स्थिति, कौन-सा क्षण, कैसी घटना, कैसा लेख उनके लिए उद्दीपन का काम करेगा, कहना मुश्किल है। बाल साहित्य लेखन बाल मनोविज्ञान के अनवरत अध्ययन जैसा कार्य है।

मैंने जब-जब बालकों के लिए लिखा, मुझे अहसास हुआ कि वयस्कों के लिए लिखना कहीं अधिक आसान काम है। आज की पीढ़ी के बच्चे अब उतने अबोध नहीं रहे हैं, जितने पिछले समय में या कि हमारे समय में हुआ करते थे। इस समुन्नत काल में जहाँ वे टेक्नोलॉजी में हमसे कहीं आगे हैं, सारी जानकारियाँ अंतर्जाल पर उपलब्ध हैं, उन्हें हम क्या नया दे सकेंगे जो उनके व्यक्तित्व के विकास और ज्ञानार्जन में सहायक होगा, एक बड़ी समस्या है।

बाल साहित्य की रचना के लिए विषय का चयन, विषयवस्तु का चयन, विधा का; सभी एक कठिन यात्रा जैसा है। बाल साहित्य रचना अधिक चुनौतीपूर्ण कार्य है। बालकों की कल्पनात्मकता को जो प्रदीप्त कर दे, ऐसा लेखन करना होता है।

मेरी बाल रचनाओं का आरंभ कुछ निराले ढंग से हुआ। बहुत वर्षों से हिंदी शिक्षिका रहने के नाते वर्षों पूर्व एक बार एक कार्यस्थल सहयोगी (colleague) ने कहा कि स्टेनली कुब्रिक (Stanley Kubrick) की सूक्ति है - "All work and no play makes Jack a dull boy", इसका हिंदी सूत्रवाक्य बनाकर दे दो-

तब जो हिंदी रूपांतरण कलम से निकला वह कुछ यूँ बना-

जीवन में काम की रेलमपेल
नहीं मनोरंजन न कोई खेल
सुस्त थके तुम हार न मानो
करो काम में खेल का मेल।

एक अन्य अवसर पर हिंदी में सामूहिक ताकत पर माइकेल जॉर्डन (Michael Jordan) के सुविचार को लेकर एक अन्य सहकर्मी ने निवेदन किया कि उन्हें हिंदी

तर्जुमा चाहिए- "Talent wins games, but teamwork and intelligence win championships."

हिंदी तर्जुमा एक कवयित्री की कलम से निकला हो तुकांत तो अवश्य ही बनेगा चाहे वह कोई सूक्ति का ही क्यों न हो-

खुश हो खेलो बोझ न झेल
प्रतिभा से तुम जीतो खेल
साथ मिलो बुद्धि लगाओ
जीतोगे जग को बाधा ठेल।

इसे ऐसा ही अपने सोशल मीडिया पेज पर साझा किया तो बाल साहित्यकार श्री राजकुमार जैन राजन जी ने संपर्क कर बाल रचनाएँ लिखने को कहा। बस यहीं से मेरी इस नवीन यात्रा का प्रारंभ हुआ।

एक नवीन बाल कहानी ‘इल्ली और प्यूपा’ ने अंतरराष्ट्रीय स्तर के बाल कहानी लेखन प्रतियोगिता में तृतीय स्थान प्राप्त किया। इस कहानी को दोहा-कतर से प्रकाशित होने वाली पत्रिका ‘नवचेतना’ में स्थान मिला। अन्य प्रकाशित रचनाएँ हैं- कहानी ‘सुवैदान की दावत’, व कहानी ‘साथियों के साथ’; कविताएँ ‘रोटी चोर चंदा’ तथा ‘सड़क पर खजाना’। कुछ अन्य रचनाएँ और बाल यात्रा वृत्तांत आदि भी प्रकाशन को तैयार हैं।

जब बाल रचनाएँ कीं तो यह विचार मन में आया कि यह पता लगाया जाए कि यू.ए.ई. में और कौन हैं जो बाल रचनाएँ करते हैं। रबींद्रनाथ टैगोर विश्वविद्यालय के विश्वरंग यू.ए.ई. महोत्सव में भी जब 15 विभिन्न कार्यक्रमों का आयोजन किया तो एक बाल साहित्य संगोष्ठी भी आयोजित की। तब कुछ नाम सामने आए।

दुबई से डॉ. उर्मिला चौधरी, डॉ. नितिन उपाध्ये, श्रीमती स्नेहा देव, सुश्री अनु बाफना, सुश्री कौसर भुट्टो, अबु धाबी से श्रीमती मीरा ठाकुर, श्री अंकुर रांका, सुश्री

कमला प्रकाश जॉली तथा शारजाह से डॉ. मंजु सिंह, सुश्री मंजु तिवारी, सुश्री निशा गिरि आदि भी बाल रचनाएँ करती रहती हैं।

बाल साहित्य के वाचन की एक सफल संगोष्ठी रही थी जिसका आयोजन करने में बहुत सफलता मिली और उसकी बहुत सराहना हुई। इन सभी के द्वारा थोड़ी-बहुत बाल रचनाएँ की गई हैं। अत: यह स्थापित नहीं किया जा सकता कि यू.ए.ई. में बहुत गंभीर बाल साहित्य रचा जा रहा है। परंतु यह अवश्य कह सकते हैं कि यहाँ के बहुत से रचनाकारों में अच्छे बाल साहित्यकार बनने के गुण मौजूद हैं।

बाल साहित्य का अर्थ है- बालकों के लिए लिखा जाने वाला साहित्य। लेकिन मेरे पास इसका एक और अर्थ है- बालकों द्वारा लिखा जाने वाला साहित्य। यू.ए.ई. के बालकों द्वारा हिंदी में बहुत सुंदर व आश्चर्यचकित कर देने वाली रचनाएँ अच्छी मात्रा में की जा रही हैं। विश्व हिंदी सचिवालय द्वारा विश्व हिंदी दिवस के आयोजन में यू.ए.ई. समंवयक के रूप में बालकों की रचनाशीलता को जाँचा और कविता लेखन की प्रतियोगिता करवाई जिसमें आई कविताओं ने मंत्रमुग्ध कर दिया। इनमें से चुनिंदा 45 बालकों की कविताओं को एक पुस्तक रूप में मैंने संकलित कर इसका प्रकाशन करवाया, जिसका नाम है- 'होनहार बिरवान'।

तो कई बार ऐसा भी विचार आता है कि ऐसे होनहार बालकों को हम कौन से बाल साहित्य द्वारा दिशा दिखाएँगे। हाँ, लेकिन कुछ मेधावी बालकों की प्रतिभा से भौंचक होकर हम बाल साहित्य की आवश्यकता से मुँह नहीं चुरा सकते। फिर भी कुल मिलाकर आज की स्थिति का आकलन कर यू.ए.ई. जैसे छोटे देश में मैं बाल साहित्य की इस गति से भी बहुत आशांवित हूँ कि आने वाले समय में यहाँ और भी काम होगा और रचनाकार गंभीर रूप से बाल लेखन की ओर प्रवृत्त होंगे।

27. साहित्य-यात्रा

साहित्य से प्रवासी साहित्य तक

हम कौन थे क्या हो गए हैं और क्या होंगे अभी
आओ मिलकर आज विचारें ये समस्याएँ सभी

महाकाव्य 'भारत-भारती' में रची राष्ट्रकवि मैथिलीशरण गुप्त जी की ये पंक्तियाँ हमें हमेशा यह याद दिलाती हैं कि आज का कर्म करते हुए हम यह न भूलें कि कल अपने जाने के बाद इन्हीं से हम जाने व पहचाने जाएँगे।

अन्यथा निदा फ़ाज़ली कहते हैं-

माटी से माटी मिले खोकर सभी निशान
किसमें कितना कौन है कैसे हो पहचान

हम जिसे साहित्य कहते हैं वह आज अचानक या रातोंरात नहीं जन्मा है, उसकी हमारी जड़ों में गहरी पैठ है। सहित से बना है साहित्य... और जो हित के साथ है वही सहित है। साहित्य हमारे हित के लिए आदि काल से रचा जा रहा है। समय और आवश्यकता के अनुसार उसने अपना रंग-रूप बदला है। इस परिवर्तनशील विश्व में परिमार्जन ही स्थायी व शाश्वत तत्त्व है, बाकी सब नश्वर है।

आदिकवि महर्षि वाल्मिकी द्वारा त्रेता युग में रचित रामायण पढ़ने के लिए संस्कृत का सामान्य ज्ञान जब लुप्त होने लगा तो महाकवि तुलसीदास जी ने उसे आमजन तक पहुँचाने का समाधान किया और अवधी भाषा में गा-गाकर लोगों को सुनाया। 15 वीं शताब्दी में रामचरितमानस की रचना की। आख्यान वही, व्याख्यान वही, कहानी वही, लेकिन संस्कृत के श्लोकों का स्थान दोहों चौपाइयों, सोरठे जैसे छंदों ने ले लिया।

आदिकाल, भक्तिकाल रीतिकाल तक केवल छंदबद्ध काव्य रचना ही की जाती थी। आधुनिक काल में भारतेंदु हरिश्चंद्र, जिन्हें गद्य का पितामह भी कहा जाता है। आम बोलचाल की भाषा में लेखन शुरु किया, ठीक तुलसीदास जी की ही तरह और गद्य यानी 'प्रोज' (prose) का चलन हुआ।

Prose poetry सबकुछ भारत में लिखा जा रहा था, भारत के लेखकों-कवियों साहित्यकारों द्वारा रचा जा रहा था। समाज को दर्पण दिखाने का काम भी कर रहा था। जब भारतीयों ने देश से बाहर कदम निकाला-

अयं निजः परोवेति गणना लघुचेतसाम् ।
उदारचरितानां तु वसुधैवकुटुम्बकम् ॥ (महोपनिषद्, अध्याय ६, मंत्र ७१)

और विश्व-बंधुत्व की भावना से प्रवासी साहित्य रचा जाने लगा। विश्व के लगभग हर देश में भारतीय साहित्य रचा जा रहा है। यद्यपि प्रवासी साहित्य की अवधारणा को अभी और पुख्ता होने की आवश्यकता है। इसमें कई प्रकार के भेद हैं-

1. किसी अन्य देश में प्रवास करते हुए रचा गया विषयमुक्त साहित्य
2. किसी अन्य देश के विषय में रचा गया स्थानमुक्त साहित्य
3. किसी अन्य देश में रहते हुए भारत के विषय में रचा गया साहित्य
   एक अन्य समस्या यह भी है कि प्रवासी भारतीय के प्रवास पर जाने से पहले के साहित्य को किस श्रेणी में रखा जाए और उसके लौट आने के बाद रचा गया साहित्य किस श्रेणी में माना जाए।

अवधारणा में मतभेद जो भी हो, यू.ए.ई. देश भी प्रवासी साहित्य रचने में किसी अन्य देश से पीछे नहीं है। यहाँ भी विपुल साहित्य रचा जा रहा है। उसे हम लेखकों के निजी प्रयास ही कहेंगे। जहाँ हम इसके प्रचार-प्रसार की बात करें तो वर्ष 2000 से यहाँ की महान साहित्यकारा पूर्णिमा वर्मन जी के अथक प्रयासों से ‘अभिव्यक्ति’ व ‘अनुभूति’ जाल पत्रिकाओं का निरंतर शारजाह से प्रकाशन हो रहा है। श्री कृष्ण बिहारी जी ‘निकट’ नामक पत्रिका अबु धाबी से निकालते रहे। दुबई से साहित्य-अर्पण नामक पत्रिका का प्रकाशन भी होता है। और पिछले एक वर्ष से ‘अनन्य यू.ए.ई.’ नामक पत्रिका का प्रकाशन हो रहा है जो अपने कलेवर में अन्य सभी से इस प्रकार भिन्न है कि इसमें केवल और केवल यू.ए.ई. के रचनाकारों को लिया जाता है या यू.ए.ई. पर केंद्रित रचनाओं को स्थान दिया जाता है। साहित्यकारों की अपनी पुस्तकों के अलावा यू.ए.ई. के सम्मिलित रचनाकारों की दो पुस्तकें भी प्रकाशित हैं सोच तथा अनन्य यू.ए.ई. और एक बाल रचनाकारों की सम्मिलित पुस्तक है- ‘होनहार बिरवान’।

इस प्रकार यू.ए.ई. के साहित्य ने भारत के प्रवासी साहित्य को बहुत अंशों तक समृद्ध ही किया है-

हिन्द महासिंधु चरण पखारे, माँ पग अमृत के आकर्ष,
ताम्रपत्र पर अमिट कहानी, जो है रची वह भारतवर्ष।

28. साहित्य-यात्रा

साहित्य की कला, कला का साहित्य

साहित्य और कला के अंतर्संबंध को समझने के लिए भर्तृहरि रचित नीतिशतकम् से उद्धृत एक श्लोक की एक पंक्ति ध्यातव्य है-

साहित्यसंगीतकलाविहीनः साक्षात्पशुः पुच्छविषाणहीनः ।
तृणं न खादन्नपि जीवमानस्तद्भागधेयं परमं पशूनाम् ॥

साहित्य-कला के महत्त्व को इस श्लोक के माध्यम से बेहतर रूप में समझा जा सकता है।

भर्तृहरि जी कहते हैं कि साहित्य-संगीत-कला से विहीन मनुष्य बिना सींग और पूँछ वाले मनुष्य के समान है। घास नहीं खाते हैं, वे ऐसे पशु हैं और अन्य पशुओं के लिए यह सौभाग्य की निशानी है। तो उनका यह अर्थ नहीं कि मनुष्य में तीनों ही खूबियाँ मौजूद होनी चाहिए। या तो मनुष्य साहित्य से जुड़ा हो, या कला से या संगीत से। इतना भी पर्याप्त है।

यही कारण है कि किसी भाषा का पाठ्यक्रम लें तो उसमें उस भाषा का साहित्य तीसरी कक्षा से ही पढ़ाना शुरु कर दिया जाता है ताकि बालक में अपने साहित्य के माध्यम से संस्कृति की समझ पैदा हो। तभी तो वह समाज का अभिन्न अंग बन पाएगा। बालकों को संगीत-कला की प्राथमिक शिक्षा भी इसी कारण दी जाती है कि

उनमें इन कलाओं के माध्यम से कोमल भावनाओं का विकास हो। ये कलाएँ श्रम से साधी जाती हैं। ईश्वरीय देन भी होती है। किंतु बिना श्रम के तो यह उपहार भी स्वयं ही नष्ट हो जाता है। जैसे हीरा जब खदान से निकलता है तो किस रूप में होता है? उसे तराशा जाता है, घिसा जाता है, पॉलिश की जाती है, तब वह निखरता है और कोहिनूर कहलाता है।

कल्पना को मूर्त करती है कला

आर्त में सुमंगल भरती है कला

कलावर्ण में भीगे रस-रंग से भीजे

पर को निज बनाती है ललित कला

सभी ललित कलाएँ मानव में बौद्धिक और भावनात्मक श्रेष्ठता लाती हैं। मनोवैज्ञानिक रूप से ये उपचार का काम भी करती हैं। शिक्षा जगत में रहने के कारण अनेक बार ऐसा अनुभव किया है। कुछ बच्चे ऐसे दिखे जो एक वाक्य बोलने में इतना हकलाते हैं कि उनके माता-पिता के लिए भी उनकी बात समझना मुश्किल होता है। और वही बच्चे गायन के समय पूरे स्वर सही लगाते हुए बिना हकलाए गाते हैं। यह उसकी हीन-ग्रंथि का उपचार ही तो है।

ललित कलाएँ अनुशासन सिखाती हैं। मूर्तिकला को ही ले लो, एक हथौड़ा गलत चला कि मूर्ति खंडित और गिछली की गई सारी मेहनत बेकार। शिल्पी अगर संयम से काम न ले, चित्रकार धैर्य से काम न ले, हस्तशिल्प अनुक्रम से काम न ले, तो क्या वे कुछ नवीन रचना कर पाएँगे? यही सारे गुण हमें ललित कलाओं के कौशल सिखाते हैं।

साहित्य रचना तो एक ऐसी अनूठी कला है जिसमें सभी कलाओं की निपुणता शामिल है। ईश्वर ने मनुष्य को आँखें दी हैं। उनसे वह सामने देख सकता है। हमारी छठी इंद्री हमें वह देखने में मदद करती है जो हमारी आँखें नहीं देख पातीं। साहित्य इस छठी इंद्री का प्रशिक्षण है।

आदि महापुरुषों के उद्धार, दोहराता अब संसार है,
यूँ ही नहीं समस्त विश्व में, भारत की जयजयकार है।

29. शिक्षक दिवस विशेष

शिक्षा-दीक्षा व शिक्षक

अध्यापक शिक्षक कहो या कि गुरु आचार्य,

नाम कोई हो करते सब, कुम्हार ही का कार्य,

शिक्षा के चाक पर, कच्चे लौंदे को थापकर,

देते हैं हाथों से आकार, बनते हैं तब ये आर्य।

सभी गुरुजनों, और शिक्षकों को सादर प्रणाम करने के लिए शिक्षक दिवस की प्रतीक्षा करना अनिवार्य नहीं है। जीवन एक शिक्षालय है, हर क्षण शिक्षा है और प्रत्येक प्राणी शिक्षक। शिक्षक दिवस मात्र उन तमाम गुरुओं को मौन रहकर स्मरण करने का दिन है और हृदय से आभार व्यक्त करने की पुनीत अवसर।

आज के चुनौतीपूर्ण समय में हर शिक्षक डॉ. राधाकृष्णन है। किसी भी कोण से किसी भी महान शिक्षक से कम नहीं हैं आज के अध्यापक। चाहे कोई आज चंद्रयान बना रहा है, मंगलयान या सूर्ययान; या ठेला और हाथगाड़ी ही बना रहा है, बिना शिक्षक के कुछ भी संभव नहीं। शिक्षा अनौपचारिक भी हो सकती है। अपने पिता के पास बैठकर सीखा गया लुहार, बढ़ई, कृषि की बारीकियाँ भी शिक्षा का ही अंग हैं।

एकलव्य में प्रतिभा की कमी नहीं थी किंतु कौशल से दक्षता हसिल करने के लिए सही प्रशिक्षण की आवश्यकता थी जो उसने सामने न रहकर छुपकर हासिल की। आज के शिक्षकों ने महामारी के समय जो ऑनलाइन कक्षाएँ लीं और दो साल ऐसे ही पर्दे के पीछे से सिखाते-सिखाते न जाने कितने ही डॉक्टर, इंजीनियर, आर्किटैक्ट, गणितज्ञ, वैज्ञानिक, अध्यापक बना डाले, यह किसी गुरु द्रोणाचार्य से कम है क्या?

शिक्षक के आज मायने बदल गए हैं। आज उसके सामने चुनौती है- विभिन्न क्षमताओं वाले, विभिन्न पसंद वाले, भिन्न-भिन्न रीति से सीखने वाले बालकों को एक साथ बैठाकर पढ़ाना। आज के गुरु पर शिक्षा का भार और दवाब पहले से कहीं अधिक है। आज हमारे शिक्षकों में देश के अलग-अलग राज्यों से आए छात्रों को शिक्षित करना और एक कसौटी पर कसना सरल नहीं है। विदेश की कक्षाओं में भी कमोबेश यही चित्र उपस्थित होता है कि अलग-अलग राज्यों से आए छात्र-छात्राएँ, बल्कि कई अलग देशों के छात्र-छात्राएँ एकसाथ शिक्षा ग्रहण कर रहे होते हैं। अध्यापक को उनमें ज्ञान बाँटने की अपेक्षा ज्ञानार्जन की चाह जगाने और स्वयं उसे खोज निकालने को प्रेरित करने का काम करना होता है। उनकी नैदानिक (डायग्नोस्टिक) परीक्षाओं के परिणामों को ध्यान में रखकर हर छात्र के अनुसार ऐसी विधियों को अपनाना पड़ता है कि हर प्रकार के छात्र के अधिगम में वह उद्दीपन का काम करे। अब पढ़ाना नहीं है शिक्षण का उद्देश्य। पढ़ तो विद्यार्थी स्वयं ही लेगा। पढ़ाई के लिए प्रेरित कर उचित मार्ग दिखाकर उस पर छोड़ देना और बीच-बीच में ऐसे सहारा देते रहना है जैसे कि बचपन में साइकिल चलाना सीखते समय अपने बड़े भाई-बहन देते थे न, साइकिल का कैरियर पकड़कर आगे धकियाते थे, साथ-साथ दौड़ते थे। हमें लगता था कि वे हमारा कैरियर पकड़कर साइकिल को सँभाले हुए हैं, जबकि वे कब का छोड़ चुके होते थे। अगर वे ही पकड़े रहते या हमें तिपहिया से दुपहिया पर न आने देते तो क्या हम साइकिल चलाना सीख पाते, बस यही काम हमारे शिक्षकों को करना है।

एक अंतिम बात... हम अध्यापक हैं, हम अधिक जानते हैं; यह बात हम अध्यापकों को अपने दिमाग से निकाल देनी है। सूचनाओं के विस्फोट के इस

क्रांतिकारी युग में वे बहुत कुछ हमसे अधिक ही जानते हैं। हमें केवल उनके इस जानने को दिशा दिखानी है ताकि वे बेराह न भटकने लगें सूचनाओं के जंगल में। शिक्षा देनी नहीं है, शिक्षा की ओर उन्मुख करना मात्र हम शिक्षकों का नया धर्म है। आज का छात्र स्वयं ही अपना शिक्षक है वह अपना प्रकाश स्तम्भ भी स्वयं ही है, केवल उसे उस ज्ञानदीपक के निकट ले जाकर छोड़ने का काम हमारा है।

अंत में ये 4 पंक्तियाँ उद्धृत करना सार्थक लग रहा है-

हर मानव के भीतर जैसे, पाते हैं हम राम का धाम,
उस विधि मानस के अंतर में, बसे हुए गुरु को प्रणाम।
प्रथम गुरु जो शिक्षा देवें, दूजे गुरु दरशे निज विवेक,
दीक्षा द्वय की जो पहचाने, पावे प्रगति के सब आयाम॥

30. विश्व हिंदी दिवस विशेष

विश्व में हिंदी के बढ़ते कदम

'विश्व हिंदी दिवस' मनाने के लिए विश्व भर में प्रयास किए ही जाते हैं। कहीं भाषण होता है, कहीं गोष्ठी तो कहीं सभाएँ। और उनमें हिंदी का परचम विश्व में लहराने के चर्चे होते हैं। फिर 245 दिन के लिए सब इन बातों को भूल, सुविधा से सो जाते हैं और फिर से 14 सितम्बर आने पर ही आँख खुलती हैं। क्या हिंदी बड़ों के बातें बनाने से फैलेगी? मेरा मानना है कि वे प्रयास ही उत्तम हैं जिनका प्रभाव बालकों के जीवन पर पड़े। उनमें भाषा के प्रति प्रेम पनपे। भाषा को व्यवहार में लाने की नींव पड़े।

भारत की भूमि की तुलना में विदेशी धरती पर हिंदी के प्रचार-प्रसार के प्रयास कहीं अधिक कठिन हैं परंतु उतने ही आवश्यक भी हैं। यू.ए.ई. के अधिकांश प्राइवेट, इंटरनेशनल, भारतीय स्कूल और इसके हिंदी विभागों ने इसकी ओर सशक्त कदम उठाया है। अंतरविद्यालयी प्रतियोगिताओं में सैंकड़ों की संख्या में उपस्थित प्रतिभागी हिंदी के लिए कटिबद्ध हैं। उन्होंने अपने व्यवहार से, आचरण से, प्रदर्शन से यह सिद्ध कर दिया कि ये ही कल हिंदी को आगे बढ़ाएँगे। इनकी मूक वाणी हमें बताती है-

मंगल ग्रह पर रख कदम
ही न करेंगे संतोष हम
बहुत रहस्य पड़े धरा में
मिटा देंगे हम उनका भ्रम

'विश्व हिंदी दिवस' विश्व में हिंदी को फैलाने के लिए मनाया जाने वाला उत्सव है। यह काम यू.ए.ई. में हो रहा है। इस दिन अंतरविद्यालयी विविध प्रतियोगिताओं के रूप में मनाकर भावी पीढ़ी को हिंदी के प्रचार-प्रचार का उत्तरदायित्व सौंपा जा रहा है। हिंदी के स्वप्न को सही अर्थों में साकार करने का श्रेय जाता है ऐसी संस्थाओं को जो पूर्ण मनोयोग से हिंदी पथ पर चलने और चलाने का कार्य कर रही हैं।

हिंदी के बढ़ते कदम अनवरत अग्रसर रहें, उसके लिए दो प्रकार के प्रण लेने की आवश्यकता है। पहला तो हिंदी बोलने में हम स्वयं को हेय न समझें। गर्व से हिंदी का प्रयोग करें। हिंदी सीखने के लिए हिंदी की किताबें पढ़ें। केवल आम बोलचाल के लायक बोल लेना भर ही काफ़ी नहीं है। भाषा का सम्पूर्ण ज्ञान अर्जित करने का हमारा प्रयास रहना चाहिए।

हमें कुछ राज़ बताती हैं, बुलाती हैं सुबह-शाम किताबें,
हममें भी जीवन रहता है, बताती हैं सरे-आम किताबें।

भाषा अकेली नहीं आती, अपने साथ एक पूरी संस्कृति लेकर आती है। अपने इतिहास, भूगोल और भविष्य को अपनी गठरी में बाँध कर साथ चलती है उम्र भर। अत: भाषा का अध्ययन बहुआयामी परिणाम लाता है।

दूसरा प्रण यह कि जब भी किसी को हिंदी बोलते हुए सुनें तो उसका प्रोत्साहन करें। उसके प्रयास में अगर कुछ छोटी-मोटी गलती भी है, तो उसे टोकें न, उसे बोलने दें। उसे उसकी अशुद्धियाँ या गलतियाँ तत्काल बताने से उसमें हिचक आ जाएगी और आगे से वह हिंदी बोलने से बचेगा। भाषा में एक अध्येता जुड़ने की संभावना निष्फल हो जाएगी।

भाषा किताबों में बंदकर उसे शोकेस में सजा देने की वस्तु नहीं है। इतनी नाज़ुक नहीं है भाषा। वह कोई काँच की मूर्ति नहीं है कि इस्तेमाल से टूट जाएगी। चंदन की तरह घिस-घिस कर महकने वाली का नाम हिंदी भाषा है।

मिट्टी का लौंदा न समझो, यह तो अविरल नीरा है।
बरत-बरत के चमकेगा, यह अनमोल वो हीरा है।

भाषा कोई भी हो, उसे सीखने की यात्रा का आनंद लो। बोझ समझ के नहीं, मन से सीखो। परीक्षाएँ पास करने के लिए नहीं, सीखने के लिए पढ़ो।

अनमोल इन लम्हों का, मोल परखते रहना तुम,
रसीला जीवन सफर, जीभर रस चख लेना तुम।

एक हिंदी प्रेमी की इन हिंदी सेवियों और मशालधारकों को हिंदी दिवस की अनेकोंनेक शुभकामनाएँ!

३1. अंतरराष्ट्रीय हिंदी साहित्य महोत्सव

आप्रवासी-देशवासी भेंटवार्ता

हवाईअड्डे के पास ही मैंने ले रखा है मचान,
खिड़की से देखती हूँ आती देशी नित उड़ान,
हवा उड़ाती तो होगी पहियों से लिपटी मिट्टी,
स्वदेस की गंध से घर बन जाएगा ये मकान।

जैसा कि मेरी ये पंक्तियाँ कहती हैं यू.ए.ई. में देशवासियों के आने से हमारा ये मकान अब 'घर' कहलाने लगा है। इस घर में आपका स्वागत करना हमारा सौभाग्य है। 'वागीश अंतरराष्ट्रीय संस्था' और उसके समस्त पदाधिकारियों की ओर से तथा अथक चेष्टा ट्रस्ट यूनिवर्सल संस्था की ओर से तथा दुबई की अद्वितीय धरा पर बसे सभी रचनाकारों की ओर से सभी आगंतुकों का और दुबई के अपने मित्रों का स्वागत है। 'अंतरराष्ट्रीय साहित्य महोत्सव' की इस महासभा इस पावन अवसर पर उपस्थित सभी विद्वान-मनीषियों और बंधु बाँधवों का सादर अभिनंदन है।

चंद पंक्तियाँ अभ्यागतों के लिए-

अपने-से लगते अमीरात में अभी ही आप आए हैं,
आकर के कहीं आप विदेशी इत्र तो नहीं लगाए हैं,

भर लेने दो श्वास में उन, सौंधे-से पत्रों की सुगंधिनी,
आप ही के हाथों मेरी मातृभूमि ने जो भिजवाए हैं।

जैसा कि मेरी ये पंक्तियाँ कहती हैं मेरी माता का संदेसा जो आप लोगों से मुझे प्राप्त होना है, उसे सुनने को मन अधीर है। जब से आत्मीय जन का संदेश प्राप्त हुआ कि चालीस हिंदी प्रेमियों के साथ वे दुबई में साहित्यिक भ्रमण के लिए पधार रहे हैं, तभी से ये प्रफुल्लित मन बाट जोहने लगा। किसी देश के भ्रमण पर आने का उद्देश्य वहाँ की सांस्कृतिक व सामाजिक समझ को विकसित करना भी होता है। आप पिछले दिनों से देख ही रहे होंगे कि हिंदी यहाँ कोई विदेशी भाषा नहीं रह गई है। हिंदी दिवस के अवसर पर विदेशों में उसे फलते-फूलते देखने से बेहतर अनुभव कोई और हो सकता है क्या भला? यह ऐसा ही है जैसे मायके वाले ससुराल में अपनी पुत्री के सुख और वैभव को देखकर उसके सुनहरे भविष्य और समृद्ध वर्तमान के प्रति निश्चिंत हो जाते हैं।

आश्चर्य तो न हुआ होगा हिंदी के कानों में रस घोल जाने पर? या हुआ? एक विदेशी भाषा को सुनने के लिए जी को तैयार करके ही हम घर से निकलते हैं। सही? लेकिन मैं याद दिला दूँ-

जहाँ-जहाँ भारतीय जा बसे, यत्र तत्र सर्वत्र है हिंदी
निज संस्कृति के राजदूत हम, हमारा पहचान-पत्र है हिंदी।

यह जानकर खुशी होगी कि अबु धाबी, यानी यू.ए.ई. की राजधानी में हिंदी को न्यायालयों में तीसरी अधिकारिक भाषा का दर्जा दिया गया है सन 2019 में 10 फरवरी को। यहाँ के स्थानीय एफ.एम. रेडियो पर भी हम हिंदी में आर.जे. की चकचक और बॉलीवुड के गाने सुनते हैं। अच्छा, सबसे आनंद का क्षण होता है जब आप किसी अमीराती से बात करें और वह आपको हिंदी में 2-4 वाक्य बोल दे या कुछ जुमला उछाल दे। बहुत से प्रशासनिक अधिकारी भारतीय को देखते ही हिंदी-उर्दू में बात करने का प्रयास करते हैं। हुआ ऐसा अनुभव आपको? नहीं? हाँ, उसके लिए यहाँ समय गुज़ारना पड़ता है। एक स्थानांतरित पौधे की तरह अपनी जड़ों को जमाने

के लिए संघर्ष करना पड़ता है, रेतीली भूमि में अपना खाद-पानी खुद जुटाना पड़ता है, विपरीत दिशा में बहती पवन की सरसराहट को हौले से थामकर अपने अनुकूल बनाना पड़ता है। ये सब कर लेने के बाद भी स्वयं को प्रवासी कहलवाने को तैयार करना पड़ता है।

एक शिशु अपनी माँ के गर्भ से आज़ाद होते ही अपनी स्वतंत्रता का जश्न मना पाता है क्या? वह घबरा जाता है। वह रोता है, चिल्ला-चिल्लाकर अपने असुरक्षा के भाव को व्यक्त करता है। ऐसे में माँ उसे उठाकर कलेजे से लगा ले तो वह चुप हो जाता है। हिंदी भी हमारे लिए वही माँ है, जिसने हमें गले से लगाया तो हम अपना दर्द भूल गए और उसकी सेवा करने लगे। और आज जैसे उत्सव में शामिल होने मायके से भाई-बहन पधारे हैं तो हमारे असीमित आनंद की सीमा का अनुमान आप लगा सके होंगे शायद।

आज आप कई राज्यों से हिंदी के पर्व को मनाने यहाँ एकत्रित हुए हैं-

प्रदेश देश से देश विदेश से, जोड़ने वाली कड़ी है हिंदी
विश्वभर में बोली-सुनी जाए, मौलिक भावों की लड़ी है हिंदी।

अभिनंदन करती हूँ उस क्षण का जब मेरे भ्राताओं ने निज प्रयासों से यह शानदार साहित्यिक भ्रमण का कार्यक्रम बनाया। विद्वानों का सान्निध्य पाना तो भाग्य को सराहने की बात है ही, आप सबका सरल सौम्य व्यक्तित्व भी अनुकरणीय है। बहुत बहुत साधुवाद और स्वागत है कि सुदूर देश के भ्रमण में अपने देश के साहित्य व भाषा के प्रचार-प्रसार को जोड़कर आपने इसे अधिक उद्देश्यपूर्ण बना लिया। आपका शुभागमन हमारी कर्मभूमि संयुक्त अरब अमीरात में हुआ। सभी प्रबुद्ध जनों से नौका विहार पर हमारा मिलना भी हुआ और अहसास कुछ यूँ हुआ-

गया अवश्य वतन से दूर, वतन हुआ न मुझसे दूर,
तेरी बातें जब-जब कीं, छाया चेहरे पर एक नूर।
सोच तेरी हर लम्हा रहती, यादों ने तेरी किया विह्वल,

कदम थमे दिल वहीं चला, जहाँ तेरी छाया भरपूर॥

सभी से कुछ औपचारिक और तनिक अनौपचारिक परिचय से मन गदगद हो गया। मुझे आशा ही नहीं विश्वास है कि इतने प्रबुद्ध सुविज्ञ महानुभावों को सुनकर हम परस्पर बौद्धिक समृद्धि का लाभ उठाएँगे। विद्वानों-विदुषियों से भरी इस सभा में मैं यह करबद्ध निवेदन है कि हम सभी इस देश के कानून और गरिमा का ध्यान रखें और अपने काव्य या वक्तव्य में धर्म-जाति-सम्प्रदाय-राजनीति तथा अन्य विवादित विषयों से बचें। सभी सुधी अतिथियों और मित्रों का दिल की गहराइयों से धन्यवाद करते हुए इस उत्सव के सभी आयोजकों का आभार ज्ञापित करती हूँ।

कृतिकार परिचय

डॉ. आरती 'लोकेश' गोयल

जन्मतिथि	:	1 जून, 1970
जन्मस्थान	:	गाज़ियाबाद, उत्तर प्रदेश
माता-पिता	:	श्रीमती शारदा रानी, श्री महेन्द्र कुमार गुप्ता
शिक्षा	:	बी.ए., बी.एड., एम.ए.(अंग्रेज़ी), एम.ए.(हिन्दी), पी.एच.डी.(हिन्दी)

विशेष उपलब्धियाँ : यू.ए.ई. सरकार द्वारा **'ऑथर' गोल्डन वीसा** (10 वर्ष के लिए, 2034 तक वैध)

अंग्रेज़ी स्नातकोत्तर में कॉलेज में **द्वितीय** स्थान,

हिन्दी स्नातकोत्तर में विश्वविद्यालय **स्वर्ण पदक**

अभिरुचियाँ : अध्ययन, अध्यापन, लेखन, संगीत, चित्र कला, भ्रमण

सम्प्रति :

- अध्यक्ष, पाठ्यक्रम निर्माण (हैड ऑफ़ करिकुलम), वुडलेम पार्क स्कूल, दुबई, यू.ए.ई.
- एड्जंक्ट फैकल्टी, बनस्थली विद्यापीठ, राजस्थान

- संस्थापक अध्यक्ष, वागीश अंतरराष्ट्रीय संस्था, यू.ए.ई.
- मार्गदर्शिका, अनुशीलन समूह, यू.ए.ई. एवम् अथक चेष्टा ट्रस्ट यूनिवर्सल
- विदेश सचिव, निर्मला स्मृति साहित्यिक समिति
- सम्पादक 'अनन्य यू.ए.ई' भारतीय कौंसलावास न्यू यॉर्क, यू.एस.ए.
- संपादक, वैश्विक हिंदी संस्थान एवं श्री रामचरित भवन, ह्यूस्टन, यू.एस.ए.
- मार्गदर्शक, 'भोर' अंतरराष्ट्रीय पत्रिका
- क्षेत्रीय संपादक, इंडियन जर्नल ऑफ़ सोशल कंसर्न्स
- पूर्व उप-संपादक, सामयिक परिवेश, अंतर्राष्ट्रीय अध्याय
- प्रतिनिधि संवाददाता यूएई, प्रणाम पर्यटन
- निदेशक विश्वरंग यू.ए.ई. महोत्सव, टैगोर यूनिवर्सिटी
- अध्यक्ष, अंतरराष्ट्रीय हिंदी केंद्र, यू.ए.ई. शाखा, आर.एन.टी.यू.
- समन्वयक यूएई हिन्दी दिवस 2021, विश्व हिन्दी सचिवालय, मॉरीशस
- महासचिव, अंतरराष्ट्रीय काव्य प्रेमी मंच यू.ए.ई. शाखा
- एन.एल.पी. आधारित प्रशिक्षण संस्था 'ओनली सक्सैस' की प्रमाणित प्रशिक्षिका, लाइसैंस नं. OS7Z-0055

प्रकाशित पुस्तकें :

1. उपन्यास: 'रोशनी का पहरा'(2015), द्वितीय संस्करण (2022)
2. उपन्यास: 'कारागार'(2018), द्वितीय संस्करण (2022)
3. उपन्यास: 'निर्जल सरसिज' (2022)
4. उपन्यास: 'ऋतम्भरा के सौ द्वीप' (2022)
5. काव्य-संग्रह: काव्य-रश्मि (2018)
6. काव्य-संग्रह: 'छोड़ चले कदमों के निशाँ' (2020)
7. काव्य-संग्रह: 'प्रीत बसेरा" (2020)
8. काव्य-संग्रह: षड्गंधा (2023)
9. शोध ग्रंथ:- 'रघुवीर सहाय के गद्य में सामाजिक चेतना' (2017)
10. यात्रा वृत्तांत संग्रह: 'झरोखे' (2019)
11. यात्रा वृत्तांत संग्रह: 'सात समुंदर पार' (2024)
12. लघुकथा-संग्रह: 'दूर्वादल' (2023)
13. कथा संग्रह: 'साँच की आँच' (2021)
14. कथा संग्रह: 'कुहासे के तुहिन' (2022)
15. कथा संग्रह: ''फ़िबोनाची वितान' (2024)
16. कथेतर गद्य: 'कथ्य-अकथ्य' (2022)
17. कथेतर गद्य: 'अश्रुत श्रव्य' (2023)
18. 'होनहार बिरवान': यू.ए.ई. के बालकवियों की हिंदी कविताओं का संग्रह (2021)
19. 'डॉ. अशोक कुमार मंगलेश : काव्य एवं साहित्य चिंतन' (2022)

20. ‘सोच- हिन्दी इमाराती चश्मे से’: यू.ए.ई. के प्रवासी भारतीय रचनाकारों का पद्य-गद्य संकलन (2021)

21. ‘अनन्य कृति यू.ए.ई.’: यू.ए.ई. के रचनाकारों की रचनाओं का संकलन व संपादन, जुलाई 2023

22. ‘यू.ए.ई. की चयनित रचनाएँ – स्वर्ण सचान काव्यजग (यू.ए.ई. के कविताओं का संकलन-संपादन 2023, टैगोर विश्वविद्यालय, भोपाल से प्रकाशित)

23. ‘अनन्य संचय यू.ए.ई.’: यू.ए.ई. के 51 रचनाकारों की 100 रचनाओं का संकलन व संपादन, जुलाई 2024

24. ‘वागीश वैश्विक लघुकथाएँ’: देश-विदेश की चयनित 155 लघुकथाएँ -संकलन, संपादन व प्रकाशन, दिसम्बर 2024

प्रकाशित रचनाएँ :

1. यू.ए.ई. संस्कृति पर लेख: विदेश मंत्रालय भारत सरकार की स्मारिका के अतिरिक्त ‘वीणा’, ‘हिंदुस्तानी भाषा भारती’, ‘गर्भनाल’, ‘श्री देशना’, ‘सौरभ’ जैसी प्रतिष्ठित पत्रिकाओं में तथा ‘सोच’, पुस्तक में प्रकाशित

2. कविताएँ: ‘हरियाणा प्रदीप’ साहित्यिक पत्र, ‘वसुंधरा पोस्ट’ समाचार पत्र, ‘मुक्तांचल’, ‘गृहस्वामिनी’, ‘साहित्य त्रिवेणी’, ‘अनुभूति’, ‘सौरभ’, ‘साहित्य कुञ्ज’, ‘लेखनी’, ‘इंडियन जर्नल ऑफ़ सोशल साइंसेज़’, ‘सेतु’, ‘अनुकर्ष’, ‘हिंदी की गूँज’, ‘प्रणाम पर्यटन’, ‘प्रत्यूष’, ‘श्री देशना’ में प्रकाशित।

3. कहानियाँ: ‘12 वें विश्व हिंदी सम्मेलन के संदर्भ में विश्व हिंदी साहित्य’ विश्व हिंदी सचिवालय मॉरीशस, ‘शोध दिशा’, ‘इंद्रप्रस्थ भारती, ‘वीणा’, ‘हिंदुस्तानी भाषा भारती’, ‘प्रणाम पर्यटन’, ‘दोआबा’, ‘गर्भनाल’, ‘परिकथा’, ‘समकालीन त्रिवेणी’, ‘साहित्य गुंजन’, ‘संगिनी’, ‘सृजन महोत्सव’, ‘कथारंग’, ‘विश्वरंग’, ‘इलैक्ट्रॉनिकी आपके लिए’, ‘अक्षरा’, ‘सरस्वती सुमन’, ‘साहित्य त्रिवेणी’, ‘साहित्य कुञ्ज’, ‘पुरवाई’, ‘वसुधा’, ‘निर्दलीय’, ‘सेतु’, ‘लेखनी’, ‘कथा समवेत’, ‘भारत दर्शन’, ‘नवचेतना’, ‘शब्द घोष’, ‘गृहस्वामिनी’ ‘सौरभ’, ‘इरा’ में प्रकाशित, (‘सरस्वती’ में चयनित)

4. पुस्तक समीक्षाएँ: ‘दोआबा’ पत्रिका। ‘संस्कार न्यूज़ समाचार-पत्र में पुस्तक ‘डॉ. अशोक कुमार ‘मंगलेश’ : समग्र साहित्यालोचन’, ‘हिंदी बुनियाद’, ‘हिंद सागर’ में प्रकाशित

5. प्रवासी साहित्य: कविताएँ ‘मुक्तांचल’ पत्रिका के ‘प्रवासी कलम’ कॉलम में प्रकाशित, प्रवासी संस्मरण ‘भीगे पल की भीगी यादें’ गर्भनाल पत्रिका के ‘बतकही’ कॉलम में प्रकाशित

6. संस्मरण: ‘गर्भनाल’, ‘सिंगापोर संगम’, ‘विश्वरंग’ पत्रिका, टैगोर विश्वविद्यालय में प्रकाशित

7. यात्रा संस्मरण: ‘यूक्रेन’, ‘मोंटेनेग्रो’, ‘किर्गिज़्तान’, ‘मलेशिया’ तथा ‘ओमान’ देशों का यात्रा वृत्तांत ‘प्रणाम पर्यटन’ में प्रकाशित, कीव यूक्रेन ‘सौरभ’ में प्रकाशित, ‘मालदीव’ यात्रा-संस्मरण ‘हिंदी बुनियाद’, ‘नियागरा’ यात्रा पत्रिका ‘जय विजय’, वाशिंगटन डीसी ‘इरा’ में प्रकाशित

8. अंग्रेज़ी आलेख: अंग्रेज़ी भाषा में खाड़ी देशों की साप्ताहिक पत्रिका 'फ्राइडे' में समय-समय पर प्रकाशित

9. आलेख: विदेश मंत्रालय भारत सरकार द्वारा 'विश्व हिंदी सम्मेलन फ़िजी 2023' के उपलक्ष्य में प्रकाशित की गई स्मारिका '12वाँ विश्व हिंदी सम्मेलन फ़िजी 2023', 'गर्भनाल', 'वीणा', 'हिंदुस्तानी भाषा भारती', 'सामयिक परिवेश', 'साहित्य त्रिवेणी', 'साहित्य का विश्वरंग', 'द पब्लिक', 'रचना उत्सव', 'विश्व हिंदी पत्रिका', 'राष्ट्रीय इस्पात सुगंध', 'प्रबोधिका', 'भोर', 'प्रत्यूष', 'सचिवालय दर्पण' जैसी प्रतिष्ठित पत्रिकाओं में तथा 'सोच' पुस्तक में प्रकाशित

10. शोध-पत्र: 'द्रष्टा', 'शोध दिशा', 'इंडियन जर्नल ऑफ़ सोशल कंसर्न्स' जर्नल, 'रामायण के मोती', 'पंचम अंतरराष्ट्रीय रामायण अधिवेशन', मासिक वेब पत्रिका 'इरा' में प्रकाशित

11. पुस्तक-भूमिका: पुस्तक 'शील कौशिक का काव्य और शिल्पबोध' की भूमिका का लेखन प्रकाशित, सुश्री मीरा ठाकुर का काव्य-संग्रह 'धूप-छाँव की दरी' की भूमिका, श्रद्धा शुक्ला की पुस्तक 'मौन घरौंदे' की भूमिका, डॉ. दिलबाग सिंह 'विर्क' के उपन्यास 'युगांतर' की भूमिका, डॉ. अशोक कुमार मंगलेश की 'खूँ : वैश्विक बंधुत्व का सेतु' पुस्तक पर फ़्लैप टिप्पणी तथा डॉ. सोमवीर सिवाच की 'डॉ. अशोक कुमार 'मंगलेश' का साहित्य सौरभ' पर फ़्लैप टिप्पणी, व्यास योगेश की 'थोड़ी कविता थोड़ा प्रेम पूरी राधा' काव्य-संग्रह की प्रस्तावना, अंग्रेज़ी में अनूदित पुस्तक 'सीक्रेट्स ऑफ़ हैप्पीनेस' की अंग्रेज़ी में फ्लैप टिप्पणी

12. लघुकथा: 'प्रणाम पर्यटन', 'संगिनी', 'साहित्य कुञ्ज', 'नव किरण', 'अनन्य यू.ए.ई.', 'सौरभ', 'लोकमत समाचार', 'जन टाइम्स', 'जय-विजय', 'लघुकथा दर्पण' में प्रकाशित

13. समाचार: 'वसुंधरा पोस्ट', 'इंदौर समाचार', 'दैनिक भास्कर', 'सिटी एयर न्यूज़', 'संस्कार न्यूज़', 'अमर उजाला', 'नवोदित प्रवाह', हिंदी समाचार-पत्र 'दैनिक सवेरा', पंजाबी समाचार-पत्र 'पंजाबी खबरसार', 'सच्ची खबर दैनिक' बरनाला, 'अजीत समाचार', 'पंजाबी जागरण', 'समाज वीकली न्यूज़ यू.के.', 'साहित्य सभा', 'गोल्ड स्टार', 'सतार फ़ॉक्स न्यूज़ पंजाब', 'डेली आशियाना', 'जन प्रसून' नौएडा से प्रकाशित हिंदी समाचार-पत्र, नई दिल्ली से प्रकाशित 'नेशनल एक्सप्रेस' तथा जयपुर के 'चित्रांश एक्सप्रेस' समाचार पत्र, बी.पी.एन. टाइम्स, 'हिंदुस्थान समाचार', 'इंडिया पब्लिक खबर', 'Live VNS', 'The Voice TV', बैंगलुरु से प्रकाशित 'हिंद सागर', 'दि ग्राम टुडे', 'इंदौर समाचार-पत्र', 'विनय उजाला', संस्कार न्यूज़ डिजिटल प्रपत्र व संस्कार न्यूज़ समाचार-पत्र, हिंदी दैनिक अमर सृष्टि, जय-विजय वेबसाइट, दैनिक मयूर संवाद (दिल्ली), दैनिक इंदौर समाचार (इंदौर), दैनिक कोलफील्ड मिरर (कोलकाता), दैनिक नई रोशनी (जम्मू)

14. रिपोर्ट: 'हिंदुस्तानी भाषा भारती' तथा 'अभिव्यक्ति' में प्रकाशित

15. बाल साहित्य: 'संगिनी', 'बाल किरण', 'नवचेतना' में प्रकाशित

16. अनुवाद: 'जल चालीसा' का अंग्रेज़ी अनुवाद

17. साक्षात्कार: हिन्दुस्थान समाचार न्यूज़ एजेंसी के उप समाचार संपादक सुनील सक्सेना द्वारा लिया गया साक्षात्कार 'युगवार्ता' पत्रिका में प्रकाशित, नई दिल्ली से प्रकाशित 'नेशनल एक्सप्रेस समाचार-पत्र, लखनऊ से प्रकाशित 'यूथ इंडिया' समाचार-पत्र, झाँसी से प्रकाशित बी.पी.एन. समाचार-पत्र, नोएडा से प्रकाशित 'जन प्रसून' समाचार-पत्र में प्रकाशित 14 सितम्बर 2023

18. **अन्य साक्षात्कार:** 'लेखनी 'इंग्लैंड, यू.के. में साक्षात्कार

सह-सम्पादित :

1. 'राम काव्य पीयूष' काव्य-संग्रह (श्री राम चरित भवन, ह्यूस्टन, यू.एस.ए.)
2. 'कृष्ण काव्य पीयूष' काव्य-संग्रह (श्री राम चरित भवन, ह्यूस्टन, यू.एस.ए.)
3. **'सोच- हिन्दी इमाराती चश्मे से'** (डीकॉम डिज़ाइन कम्पनी, दुबई, यू.ए.ई.)
4. 'सामयिक परिवेश' अप्रवासी भारतीय विशेषांक मार्च 2021
5. 'इंडियन जर्नल ऑफ़ सोशल कंसर्न्स', रिसर्च जर्नल ऑफ़ ह्यूमैनिटीज़ एंड सोशल साइंसिज अंक 44 से 56
6. 'भारत काव्य पीयूष' काव्य-संग्रह (श्री राम चरित भवन, ह्यूस्टन, यू.एस.ए.)
7. 'वैश्विक लघुकथा पीयूष' (वैश्विक हिंदी संस्थान, ह्यूस्टन, यू.एस.ए.) 2024

साझा-संग्रह :

1. 'सीप में समुद्र' लघुकथा संग्रह (अयन प्रकाशन)
2. 'राम काव्य पीयूष' काव्य-संग्रह (श्री राम चरित भवन)
3. 'कृष्ण काव्य पीयूष' काव्य-संग्रह (श्री राम चरित भवन)
4. 'रामायण के मोती' आलेख-संग्रह (श्री राम चरित भवन)
5. 'माँ' काव्य-संग्रह (साहित्यपीडिया पब्लिशिंग)
6. 'कोरोना' काव्य-संग्रह (साहित्यपीडिया पब्लिशिंग)
7. '21 श्रेष्ठ युवामन की कहानियाँ' कहानी-संग्रह (डायमंड बुक्स)
8. 'मेरे पापा' काव्य-संग्रह (पांखुरी प्रकाशन)
9. 'राम हाइकु पीयूष' श्री राम चरित भवन, ह्यूस्टन)
10. 'भारत काव्य पीयूष' काव्य-संग्रह (वैश्विक हिंदी संस्थान, ह्यूस्टन, यू.एस.ए.)
11. 'कथारंग' सृजन वार्षिकी (गायत्री प्रकाशन) 2021
12. 'कवियों पर कविता' संग्रह तंज़ानिया से प्रकाशित (डॉ. ममता सैनी के संपादन में)
13. 'रिश्ता' लघुकथा संग्रह (डॉ. दिनेशमणि त्रिगाठी द्वारा संपादित)
14. 'विवशता' कहानी संग्रह (डॉ. प्रवेशकारी द्वारा संपादित)
15. 'कथाकार' कहानी-संग्रह (नोशनप्रेस द्वारा प्रकाशित)
16. कथारंग 2022 : देश-देशांतर की कहानियाँ और विमर्श में 'फ़िबोनाची प्रेम' कहानी पर विमर्श (हंस प्रकाशन)
17. 'बिटिया की पाती बाबुल को' पत्र-संकलन, डॉ. सूरज सिंह नेगी के संपादन में
18. 'डाकिए को पत्र' पत्र-संकलन, डॉ. सूरज सिंह नेगी के संपादन में
19. 'लिख दूँ पाती यादों के गलियारे से' पत्र-संकलन, डॉ. सूरज सिंह नेगी के संपादन में
20. 'कथारंग' आज़ादी के अमृत-काल को सहेजे साहित्य-वार्षिकी (गायत्री प्रकाशन) 2022-23
21. 'साहित्य स्वर' भारत-दुबई साझा संकलन (शुभ-संकल्प प्रकाशन)

22.   पंचम अंतरराष्ट्रीय रामायण अधिवेशन में शोध-पत्र सम्मिलित (श्री राम चरित भवन, ह्यूस्टन)

23.   'दुबई में हिंदी' डॉ. जे.के. डागर व डॉ. सुधीर शर्मा द्वारा संपादित पुस्तक में 3 कविताएँ

24.   'शब्द की हाँडी में संवेदनाएँ' स्नेह गोस्वामी द्वारा संपादित पत्र शैली की लघुकथा में 'गोधूलि की बेला'

25.   'आओ सुनो कहानी' निवेदिता चक्रवर्ती के संपादन में युगानुगूँज द्वारा प्रकाशित 2 बाल-कथाएँ 'पक्का रंग' व 'भूखा बस्ता' जनवरी 2024

26.   'विश्व में हिंदी' टैगोर विश्वविद्यालय भोपाल, डॉ. जवाहर कर्णावट द्वारा संपादित, 'श्येन परों पर ठहरी हिंदी' 2023

27.   'धारा के विरुद्ध' बलजीत भारती द्वारा संपादित लघुकथा-संग्रह में 5 लघुकथाएँ

28.   'इंद्रधनुष के सस रंग' बलजीत भारती द्वारा संपादित कविता-संग्रह में 10 कविताएँ

29.   'दरख़्त-ए-ज़र्द', ऋतु शर्मा नंनन पांडे द्वारा संपादित में 5 कविताएँ

30.   '21वीं सदी के 2121 कवि' राजभाषा पर कविता-संग्रह (कलम की सुगंध), संपादक संजय कौशिक

31.   'मन का मनका फेरते' अयन प्रकाशन में 10 दोहे, संपादक डॉ. इंदु गुप्ता

32.   'माई को पत्र' पत्र-संकलन, डॉ. सूरज सिंह नेगी के संपादन में

33.   'प्रवासी हिंदी गूँज उठी' में भारत पर कविता, संपादन- रमा पूर्णिमा शर्मा

34.   'इंद्रधनुष के रंग' – श्रेष्ठ कहानीकारों की श्रेष्ठ कहानियाँ – शशि पुरवार के संपादन में 'फ़िबोनाची प्रेम'

35.   'वैश्विक लघुकथा पीयूष' 201 लघुकथा-संग्रह (वैश्विक हिंदी संस्थान, ह्यूस्टन, यू.एस.ए.) में 8 लघुकथाएँ

36.   'दुबई काव्य संध्या' संपादक डॉ. रेखा कुमारी, साहित्य संचय प्रकाशन, 5 कविताएँ

37.   'मुट्ठी में जुगनू' स्वयंयुग पब्लिकेशन, मेघा राठी के संपादन में लघुकथा 'सर्वश्रेष्ठ से श्रेष्ठ'

38.   'थे मजा करो महाराज' शिवना प्रकाशन में 'क्रांतियुक्त कांतिमान लावा की धारा -अभी अँधेरा है' आलेख

39.   'थे मजा करो महाराज' शिवना प्रकाशन में 'क्रांतियुक्त कांतिमान लावा की धारा -अभी अँधेरा है' आलेख

40.   'प्रवासी अमृतांजलि' में कविताएँ, संपादन- डॉ. दुर्गा सिन्हा 'उदार' व चित्रा गुप्ता

41.   किस्सागंज भाग-2, किताबगंज प्रकाशन, मुकेश दुबे द्वारा संपादित में 'ऊसरी पुष्पलताएँ' 2024

1.   'आप्रवासी हिंदी साहित्य सृजन सम्मान' व 2000 डॉलर की राशि महात्मा गाँधी संस्थान, मोका मॉरीशस, भारत व मॉरीशस सरकार द्वारा संयुक्त, 8 मार्च 2023

2.   'प्रवासी महाकवि प्रो. हरिशंकर 'आदेश' स्मृति साहित्य सम्मान' (निर्मला स्मृति साहित्यिक संस्था द्वारा) 5 सितम्बर 2022

3.   'काव्य विभूषण' सम्मान (वैश्विक हिंदी संस्थान, ह्यूस्टन, यू.एस.ए. द्वारा) 10 जनवरी 2023

4. कथा-दर्पण साहित्यिक संस्था द्वारा 'लघुकथा विभूषण' सम्मान-पत्र, 14 जनवरी 2024

5. 'अक्षरवार्ता अंतरराष्ट्रीय शोध साहित्य उत्कृष्ट अवार्ड 2023' (कृष्णबसंती शैक्षणिक एवं सामाजिक जनकल्याण समिति, उज्जैन, मध्य प्रदेश) 10 अगस्त 2023

6. 'छत्तीसगढ़ मित्र अंतरराष्ट्रीय हिंदी सम्मान' (छत्तीसगढ़ मित्र, शोध प्रकल्प, राष्ट्रीय हिंदी अकादमी, मणिबेन नानावटी महिला महाविद्यालय, मुंबई) 14 सितम्बर 2023

7. 'आचार्य श्री सम्मान' (रेडियो मेरी आवा.ज़ द्वारा ग्लोबल अवार्ड), 8 अक्तूबर 2023

8. 'श्री रघुवीर सहाय सक्सेना स्मृति सम्मान' ('कलम प्रिया लेखिका साहित्य संस्थान' जयपुर द्वारा 'स्मृति सम्मान योजना') उपन्यास 'निर्जल सरसिज' को व राशि ₹ 2100/-, 14 अक्तूबर 2023

9. 'स्व. रामेंद्र तिवारी सम्मान' (कादम्बरी, संस्कारधानी अंतरराष्ट्रीय सांस्कृतिक एवं सामाजिक संस्था, जबलपुर) तथा ₹ 5000/- की राशि समग्र लेखन के लिए, 4 नवम्बर 2023

10. 'रंग राची सम्मान' (शब्द शक्ति साहित्यिक संस्था द्वारा) 30 अक्तूबर 2022

11. 'शिक्षा रत्न' सम्मान (रेडियो मेरी आवाज़) 12 अक्तूबर 2022

12. 'हिंदी शिक्षक सम्मान' ('हिंदुस्तानी भाषा भारती' अकादमी, दिल्ली द्वारा अंगवस्त्र एवं सम्मान-समारोह दुबई), 2 दिसम्बर 2018

13. 'शब्द शिल्पी भूषण सम्मान' (इंस्टीट्यूट ऑफ़ मैनेजमेंट एंड टैक्नोलोजी, उत्तर प्रदेश भाषा संस्थान लखनऊ, इंडियन जरनल ऑफ़ सोशल कंसर्न्स द्वारा प्रदत्त) 13 अगस्त 2022

14. 'प्रज्ञा सम्मान' (प्रज्ञा साहित्यिक मंच रोहतक द्वारा प्रदत्त) 23 अगस्त 2022

15. 'निर्मला स्मृति हिन्दी साहित्य रत्न सम्मान' (निर्मला स्मृति साहित्यिक संस्था द्वारा) 25 सितम्बर 2021

16. 'प्रवासी भारतीय समरस श्री साहित्य सम्मान' (समरस संस्थान अंतर्राष्ट्रीय साहित्य सृजन द्वारा) 11 मार्च 2021

17. 'शब्द निष्ठा सम्मान' आचार्य रत्न लाल विद्यानुग स्मृति अखिल भारतीय संस्थान 9 अप्रैल 2022

18. 'शब्द निष्ठा सम्मान' आचार्य रत्न लाल विद्यानुग स्मृति अखिल भारतीय संस्थान 18 जुलाई 2023

19. 'भारत माता अभिनंदन सम्मान' भारत माता अभिनंदन संगठन, भिवानी, हरियाणा द्वारा 2 अगस्त 2023

20. 'हिंदी सेवी सम्मान' कलम की सुगंध विज्ञात प्रकाशन द्वारा, 14 सितम्बर 2023

21. 'काव्य महारथी सम्मान' सामयिक परिवेश अंतरराष्ट्रीय संगठन द्वारा सामयिक परिवेश अंतरराष्ट्रीय पत्रिका में योगदान के लिए, 2 नवम्बर 2022

22. 'नारी शक्ति सम्मान' द्वारा शुभ संकल्प समूह, 6 मार्च 2024

23. विश्व हिंदी सचिवालय मॉरीशस में विश्वरंग 2024 के त्रिदिवसीय आयोजन में दूसरे दिन 'अभिमन्यु अनत कक्ष' में दुशाला, पुष्प व स्मृति चिह्न भेंट प्राप्त व सम्मान पत्र, 8 अगस्त 2024

24. विश्व हिंदी सचिवालय मॉरीशस में विश्वरंग 2024 के त्रिदिवसीय आयोजन में तीसरे दिन मुख्य सभागार में मॉरीशस के पर्यटन विभाग द्वारा स्मृति चिह्न भेंट प्राप्त, 9 अगस्त 2024

25. निर्दलीय संस्था के 51वें साहित्योत्सव में 'अंतरराष्ट्रीय साहित्य सम्मान' 7 जुलाई 2024

26. हिंदी की गूँज टोक्यो जापान द्वारा 'हिंदी साहित्य रत्न' सम्मान, 14 सितम्बर 2024

27. निर्मला स्मृति साहित्यिक समिति द्वारा वार्षिक महोत्सव कुरुक्षेत्र की महान ऐतिहासिक-धार्मिक पावन धरती पर 'प्रेरणा वृद्ध आश्रम' में 'निर्मला अंतरराष्ट्रीय हिंदी साहित्य सेवी सम्मान', 29 सितम्बर 2024

28. काव्य-संग्रह 'षड्गंधा' को जयपुर साहित्य संगीति विशेष ज्यूरी सम्मान से अलंकृत, 3 नवम्बर 2024, सम्मान समारोह, 12 जनवरी 2025

29. काव्य-संग्रह 'षड्गंधा' को 'डॉ. संजीव कुमार काव्य रत्न' सम्मान, ₹ 11000/-, अंतरराष्ट्रीय विश्व मैत्री मंच द्वारा, 16 फरवरी 2025

30. 'वैश्विक हिंदी साहित्य सम्मान' प्रांति इंडिया द्वारा तथा उपन्यास 'रोशनी का पहरा' को चाँदी का सिक्का, वाराणसी, 10 जनवरी 2025

31. 'शुभ संकल्प एवं हुनर फ़ोक्स एकेडेमी' द्वारा सम्मानित 16 मार्च 2023

32. 'सर्वश्रेष्ठ सम्पादकीय योगदान सम्मान' श्री राम चरित भवन ह्यूस्टन, यू.एस.ए. 3 अक्तूबर 2022

33. भारतीय दूतावास, आबुधाबी द्वारा प्रशस्ति पत्र, 10 जनवरी 2023

34. भारतीय कौंसलावास दुबई द्वारा प्रशस्ति पत्र (3), 10 जनवरी 2022, 7 फरवरी 2022, 15 जनवरी 2023

35. भारतीय दूतावास आयरलैंड द्वारा शुभकामना पत्र, 30 September 2022

36. हिंदी परिषद नीदरलैंड्स एवं अंतरराष्ट्रीय हिंदी संगठन नीदरलैंड्स द्वारा हिंदी भाषा के प्रचार-प्रसार में योगदान हेतु प्रशस्ति-पत्र, 28 मई 2024

37. वर्ल्ड बुक ऑफ़ रिकॉर्ड्स लंदन द्वारा प्रशस्ति पत्र, 21 October 2021

38. भारत उत्थान न्यास कानपुर द्वारा प्रशस्ति-पत्र, 9 जून 2024

39. 'ग्लोबल भारत फेस्टिवल' दुबई 2024 द्वारा प्रशस्ति-पत्र, 18 मई 2024

40. विश्व हिंदी संगठन, नई दिल्ली द्वारा मुख्य अतिथि व्याख्यान देने के लिए प्रशस्ति-पत्र, 30 अप्रैल 2024

41. यू.ए.ई. के 'समुदाय विकास मंत्रालय' की ओर से 'सीनियर सिटिज़न हैप्पीनेस सेंटर' अजमान में 4 अक्तूबर को आयोजित 'अंतरराष्ट्रीय वयोवृद्ध व्यक्ति दिवस' के अवसर पर विशेष प्रतिभागिता प्रमाण-पत्र

42. दुबई सरकार द्वारा विश्वस्तरीय महायोजन 'एक्सपो 2020' में भारतीय मंडप की संस्कृति प्रतिस्पर्धा में प्रथम स्थान पर भारतीय मंडप द्वारा प्रणाम-पत्र, 26 जनवरी 2022

43. विश्व हिंदी सचिवालय तथा टैगोर अंतर्राष्ट्रीय साहित्य एवं कला महोत्सव 'विश्वरंग' 2024 मॉरीशस में प्रशस्ति-पत्र, 9 अगस्त 2024

44. 'भारत उत्राब' 2024 दुबई यू.ए.ई. द्वारा 78वें स्वतंत्रता दिवस पर आयोजित समारोह के लिए प्रशस्ति-पत्र, 16 अगस्त 2024

45. अंतर्राष्ट्रीय काव्य प्रेमी मंच द्वारा प्रशस्ति-पत्र, 30 अक्तूबर 2021

46. वैश्विक हिंदी संस्थान हूस्टन, यू.एस.ए. द्वारा प्रशस्ति-पत्र, 2-3 अक्तूबर 2021

47. रेडियो 'मेरी आवाज़' ओमान व यू.एस.ए. द्वारा 101 प्रभावशाली महिलाओं की सूची में स्थान व प्रशस्ति-पत्र, 8 मार्च 2022

48. 'शैक्षिक आगाज़' तथा 'लिटिल हैल्प ट्रस्ट' द्वारा नारी-सशक्तिकरण में योगदान के लिए प्रशस्ति-पत्र, 8 मार्च 2022

49. 'नवचेतना' अंतर्राष्ट्रीय समूह दोहा, कतर द्वारा सम्मान-पत्र, 3 सितम्बर 2022

50. बालसाहित्य संस्थान, अल्मोड़ा, उत्तराखंड द्वारा 'विश्व मैत्री दिवस' पर सम्मान-पत्र, 30 जुलाई 2023

51. 'पाती अपनों की मुहिम' सम्मान पत्र, द्वारा पाती अपनों की मुहिम, 5 सितंबर 2024

52. 'शेयर योर ह्यूमैनिटी वैश्विक मंच' कतर द्वारा प्रशस्ति-पत्र, 10 नवम्बर 2022

53. अंतर्राष्ट्रीय महिला दिवस' पर शुभ संकल्प द्वारा राष्ट्रीय अवार्ड से सम्मानित 16 मार्च 2023

54. नववर्ष के अवसर पर बाल प्रहरी संस्था के निमंत्रण पर विशिष्ट अतिथि की भूमिका निभाने पर सम्मान-पत्र, 1 जनवरी 2023

55. 'नारी शक्ति सम्मान', शुभ संकल्प समूह द्वारा, 6 मार्च 2024

56. 'उभरती लेखिका' हिन्दी साहित्य में योगदान के लिए दिल्ली प्राइवेट स्कूल, शारजाह द्वारा प्रदत्त पुरस्कार, 5 सितम्बर 2018

57. उपन्यास 'कारागार' को मॉरीशस पुरस्कार 8 मार्च 2023

58. कहानी-संग्रह 'साँच की आँच' को शब्द निष्ठा पुरस्कार 2023

59. कविता 'माँ तुम मम मोचन' तथा 'तुम बिन जाऊँ कहाँ' साहित्यपीडिया द्वारा पुरस्कृत

60. कविता 'राधा का ध्यान योग' लड्डू गोपाल गोधाम द्वारा पुरस्कृत

61. कहानी 'फ़िबोनाची प्रेम' को शब्द निष्ठा सम्मान प्राप्त व नकद पुरस्कार

62. कहानी 'गजदंत' को कथा समवेत द्वारा 'माँ धनपती देवी स्मृति कथा साहित्य सम्मान 20 दिसम्बर, 2023

63. कहानी 'प्रत्यावर्तन' को वामा साहित्य मंच द्वारा 2023 के पूर्वार्द्ध में आयोजित 'डॉ. प्रेम कुमारी नाहटा कहानी प्रतियोगिता' सम्मान व 2000 रुपए का पुरस्कार, सूचना 6 दिसम्बर 2023, पुरस्कार समारोह 11 फरवरी 2024

64. कहानी 'श्याम वर्ण के दर्पण' को 'बिंज हिंदी' द्वारा नेशनल राइटिंग कॉम्पीटिशन में 500 कहानियों में से 26 के अंतर्गत चयनित एवं पुरस्कृत, 4 जुलाई 2022

65. कहानी 'संथारा उत्सव' साहित्यपीडिया द्वारा पुरस्कृत, 30 नवम्बर 2021

66. बालकथा 'इल्ली और प्यूपा' नवचेतना अंतर्राष्ट्रीय पत्रिका दोहा, कतर द्वारा पुरस्कृत, 14 नवम्बर 2022

67. 'चाय पर चर्चा' में 'विद्यार्थियों में कला शिक्षण की प्रासंगिकता' वार्ता एक्ट यूनिवर्सल ट्रस्ट द्वारा पुरस्कृत, 20 नवम्बर 2022

68. कथा-दर्पण साहित्यिक संस्था द्वारा आयोजित लघुकथा प्रतियोगिता में 'सर्वे परिणाम' को प्रोत्साहन के साथ सम्मान-पत्र, अक्तूबर 2023

69. 'प्रणाम पर्यटन' तथा 'साहित्य गुंजन' पत्रिका के मुख्य-आवरण पर चित्र प्रकाशित

70. 'साहित्य अर्पण' दुबई संस्था द्वारा प्रशस्ति पत्र

71. उत्तर प्रदेश भाषा संस्थान लखनऊ, इंडियन जरनल ऑफ़ सोशल कंसर्न्स से अंतर्राष्ट्रीय शोध-संगोष्ठी प्रमाण-पत्र

72. 'स्वतंत्रता के अमृत महोत्सव' पर काव्य चयन और वैश्विक हिंदी संस्थान द्वारा प्रशस्ति-पत्र

73. शुभ संकल्प द्वारा 'महिला दिवस' पर सम्मान

74. 'माँ हिंदी परिवार' की ओर से डॉ. पंकज साहिल द्वारा सम्मान-पत्र, 3 जनवरी 2024

75. 'हिंदी साहित्य कवि मंच' द्वारा 'साहित्य धारा' उत्कृष्ट पाठ हेतु सम्मान पत्र, 25 अगस्त 2024

76. 'शेख खलीफ़ा अवार्ड' में विद्यालय को योगदान पर प्रशस्ति पत्र

77. 'परम्परा 2011' में उत्कृष्ट कार्य पर विद्यालय द्वारा प्रशस्ति पत्र

78. 'परम्परा 2012' में उत्कृष्ट कार्य पर विद्यालय द्वारा प्रशस्ति पत्र

79. 'पर्यावरण संरक्षण' विश्व स्तर में योगदान पर दुबई सरकार से 2013 में प्रशस्ति पत्र

80. कम्यूनिटी डेवेलपमेंट मंत्रालय, अजमान द्वारा 'अंतरराष्ट्रीय वरिष्ठ नागरिक दिवस' पर हैप्पीनैस सेंटर, अजमान में विशिष्ट योगदान के लिए प्रशस्ति-पत्र, 4 अक्तूबर, 2013

81. 'स्वच्छता अभियान' 2011 में सहयोग के लिए एमिरेट्स एनवायर्नमेंट ग्रुप द्वारा प्रशस्ति पत्र

82. 'पिंक वाकेथोन' ब्रेस्ट कैंसर अवेयरनैस कार्यक्रम 2011 के लिए प्रमाण पत्र

विशिष्ट :

1. डॉ. आरती की कहानियों पर कीव यूक्रेन में 2023 में शोध कार्य सम्पन्न

2. कहानी-संग्रहों पर पंजाब की गुरु काशी यूनिवर्सिटी में 2023 में शोध पूर्ण

3. कथा साहित्य पर हरियाणा की बाबा मस्तनाथ यूनिवर्सिटी में 2024 में शोध उपाधि शोधार्थी ऋतु देवी धुलान को प्राप्त

4. मॉरीशस में शोध प्रारंभ, ओडिशा, हैदराबाद, उत्तर प्रदेश, राजस्थान के विश्वविद्यालयों में शोधकार्य जारी

5. पुस्तक 'डॉ. आरती 'लोकेश' की साहित्य सुरभि', संपादक डॉ. पूनम अहलावत डॉ. उर्मिला देवी चौधरी द्वारा 2022 में प्रकाशित

6. कहानी 'मोह का ताना-बाना' का पंजाबी भाषा में अनुवाद एवं श्री तेजिंदर चंडिहोक जी की पुस्तक 'रिश्तियाँ दे धरातल' में शामिल

7. 'साँच की आँच', 'उफ़नता लावा', 'रविवार की वह शाम', 'चीरफाड़ वाली डॉक्टरनी' तथा 'फ़िबोनाची प्रेम' का यूक्रेनी शोध छात्रा दरीना द्वारा यूक्रेनी भाषा में अनुवाद

8. डॉ. दीपा रस्तोगी, डॉ. उर्मिला चौधरी, डॉ. प्रदीप श्रीबास्तन, डॉ. मनोज प्रीत, श्रीमान प्रेम विज, कौसर भुट्टो, डॉ. अरुण कुमार निषाद, श्री मुकेश दुबे द्वारा की गई पुस्तक-समीक्षाएँ 'गर्भनाल', 'सामयिक परिवेश', 'अनन्य यू.ए.ई.', 'प्रणाम पर्यटन', 'समीक्षा के पल', 'दैनिक उत्तम हिंदू', 'सेतु', 'हस्ताक्षर', 'दस्तक दर्पण' में प्रकाशित

मुख्य गतिविधियाँ :

1. 'वागीश अंतरराष्ट्रीय संस्था' यू.ए.ई. के अध्यक्ष के रूप में सम्मान व प्रकाशन योजना के अंतर्गत 5 पुस्तकों का प्रकाशन करवाया तथा 15 अन्य को 15000 की राशि भेंट की।

2. मुख्य अतिथि वक्तव्य 'शोध प्रकल्प', 'राष्ट्रीय हिंदी अकादमी', और मणिबेन नानावटी महिला महाविद्यालय मुंबई के संयुक्त तत्त्वावधान में 'अंतरराष्ट्रीय हिंदी दिवस 2023' के अवसर पर 'हिंदी उत्सव एवं अंतरराष्ट्रीय संगोष्ठी' में उद्बोधन

3. विशिष्ट अतिथि : गुरु काशी विश्वविद्यालय में हिंदी दिवस तथा अंतरराष्ट्रीय संगोष्ठी

4. मुख्य अतिथि : 'ग्लोबल टीचर्स अवार्ड' कार्यक्रम, रेडियो मेरी आवाज़ द्वारा

5. मुख्य अतिथि : 'काव्य विविधा' व 'काव्य कलश' पुस्तक विमोचन उत्सव

6. मुख्य अतिथि : 'प्रीत साहित्य सदन' काव्य गोष्ठी

7. विशिष्ट अतिथि : 'ग्लोबल हिंदी फ़ाउंडेशन' सिंगापोर में विश्व पर्यावरण दिवस पर, 'अपेक्षाओं के बियाबान' विमोचन पर, 'महिला काव्य मंच' दुबई इकाई की काव्य-गोष्ठी, निशा गिरी की पुस्तक 'यशस्वी भव' के विमोचन उत्सव पर, स्वतंत्रता दिवस 2023 के अवसर पर अंतरराष्ट्रीय बहुभाषी सम्मेलन

8. अतिथि वक्ता: उत्तर प्रदेश भाषा संस्थान तथा 'इंडियन जरनल ऑफ़ सोशल कंसर्न्स' के अंतर्राष्ट्रीय अधिवेशन में अतिथि वक्तव्य

9. अध्यक्षता : यू.ए.ई. के राष्ट्रीय दिवस पर 'तहबीब' त्रिदिवसीय कार्यक्रम में मुख्य अतिथि श्री जावेद अख्तर के समक्ष हिंदी सत्र की 3 दिसम्बर 2023 को अध्यक्षता

10. अध्यक्षता : साझा संसार नीदरलैंड्स की पहल द्वारा आयोजित 'प्रवास : मेरा नया जन्म' की अध्यक्षता, 14 अक्टूबर 2023

11. अध्यक्षता : डॉ. रमेश पोखरियाल 'निशंक' के काव्य-संग्रह 'कोई मुश्किल नहीं' पर साहित्य वार्ता कार्यक्रम में अध्यक्षता

12. अध्यक्षता : पाती मुहिम द्वारा प्रकाशित 'यादों के गलियारे से' पुस्तक के विमोचन पर अध्यक्षीय वक्तव्य, 25 फरवरी 2024

13. विशिष्ट वक्तव्य : पूर्व केंद्रीय शिक्षा मंत्री डॉ. रमेश पोखरियाल निशंक जी के रचना संसार पर 1-2 मई 2023 को ऋषिकेश में आयोजित दोदिवसीय अन्तरराष्ट्रीय संगोष्ठी व सम्मेलन में ऑनलाइन सत्र में स्याही ब्लू और हिमालय बुक ट्रस्ट के सद्प्रयासों से मिले 'वर्ल्ड बुक रिकॉर्ड' और 'हार्वर्ड वर्ल्ड रिकॉर्ड' की उपलब्धि का जश्न मनाते हुए डॉ. विवेक मणि त्रिपाठी जी के संयोजन में वक्तव्य

14. भारतीय कौंसलावास तथा 'एक्ट यूनिवर्सल' द्वारा आयोजित 'भारत पर्व' 75वें गणतंत्र दिवस के उद्घाटन समारोह 26 जनवरी तथा समापन समारोह 1 मार्च 2024, विशिष्ट अतिथि के रूप में उद्बोधन

15. विश्व हिंदी सचिवालय मॉरीशस में विश्वरंग 2024 के त्रिदिवसीय आयोजन में दूसरे दिन 'अभिमन्यु अनत कक्ष' में 'विश्व में हिंदी' परिचर्चा में यू.ए.ई. में हिंदी पर वक्तव्य, 8 अगस्त 2024

16. विश्व हिंदी सचिवालय मॉरीशस में विश्वरंग 2024 के त्रिदिवसीय आयोजन में तीसरे दिन 'बनमाली कक्ष' में 'अंतरराष्ट्रीय हिंदी केंद्र' तथा 'प्रवासी साहित्य शोध केंद्र' भोपाल के आगामी कार्यक्रमों तथा संभावनाओं पर परिचर्चा, 9 अगस्त 2024

17. 'भारत उत्सव' 2024 दुबई यू.ए.ई. में होटल मैट्रोपॉलिटन के सभागार में भारत-यू.ए.ई. संबंधों और भारतीय संस्कृति का यू.ए.ई. समाज पर प्रभाव जैसे विषयों पर साहित्यिक-वैचारिक चर्चाएँ, 16 अगस्त 2024

18. आयोजक के रूप में अंतरराष्ट्रीय साहित्य सम्मेलन, दुबई में स्वागत भाषण, 10 अगस्त 2023

19. World of Children's literature, art & culture द्वारा आयोजित बाल साहित्य वर्तमान और भविष्य विचार-विमर्श पर वक्तव्य

20. 'भारत उत्सव' दुबई 13 अगस्त 2023 को साहित्य के वर्तमान व भविष्य पर परिचर्चा में उद्बोधन

21. 'भारत उत्सव' दुबई 14 अगस्त 2023 को साहित्य व ललित कलाओं के महत्त्व पर परिचर्चा में उद्बोधन

22. विशिष्ट अतिथि, ग्लोबल टीचर्स अवार्ड, रेडियो मेरी आवाज़ द्वारा आयोजित में अध्यापकों को उद्बोधन, 8 अक्तूबर 2023

23. विशिष्ट अतिथि, दिनकर की याद में 'अंतरराष्ट्रीय साहित्य संगम' द्वारा काव्यांजलि, 30 सितम्बर 2023 एवं 18 फरवरी 2024

24. विशिष्ट अतिथि, 'अंतरराष्ट्रीय साहित्य संगम' द्वारा अंतरराष्ट्रीय कवि सम्मेलन, 28 जुलाई 2024

25. मुख्य कवयित्री: 'समरस संस्थान अंतर्राष्ट्रीय' श्री मुकेश व्यास के मंच पर, 'विशेष वार्ता' प्रीति के साथ, 'मन के भाव' कार्यक्रम साहित्य अर्पण द्वारा, 'द न्यू भारत' टी.एन.बी. चैनल, 'अंजुमन-ए-पाँखुड़ी' अंतरराष्ट्रीय मंच कुवैत, काव्य संवाद के रंग प्रवासी भारतीय संग, संगीता चौबे द्वारा लेखकीय यात्रा संबंधी भेंटवार्ता, 'नई कलम नया कलाम' 12 मई 2023,

प्रफुल्ल पांड्या द्वारा आयोजित, निशा गुप्ता 'अतुल्य' द्वारा संचालित लेखकीय वार्ता व एकल काव्य पाठ

26. वर्ल्ड रिकार्ड ऑफ़ लंडन में दर्ज 'द मैजिकमैन एन चंद्रा फाऊंडेशन' के महाकवि गुलाब खंडेलवाल स्मृति साहित्योत्सव सत्र-33 में 23/5/2023 को 15 मिनट कविता पाठ

27. मुख्य कविता पाठ : भारतीय कौंसलावास दुबई द्वारा आयोजित 'विश्व हिन्दी दिवस' पर हिन्दी विषय पर कविता पाठ

28. निर्णायकीय कार्य: एम्बैसेडर स्कूल दुबई, जेम्स मॉडर्न एकेडमी दुबई, एम्बैसेडर स्कूल शारजाह, भारतीय विद्या भवन आबुधाबी के 'भवन्स' की अंतर्विद्यालय प्रतियोगिता में निर्णायक

29. अथक चेष्टा ट्रस्ट यूनिवर्सल' संस्था द्वारा आयोजित बालकों की अंग्रेज़ी प्रतियोगिता के अंतिम चक्र में निर्णायक

30. टी. एन. बी. न्यूज़ चैनल पर शिक्षक दिवस पर वार्ता

31. टी.बी.एन. न्यूज़ चैनल पर 'हिंदी दिवस' पर वार्ता

32. प्रेमचंद जयंती के पुनीत अवसर पर देखिए 'द न्यू भारत' द्वारा आयोजित प्रेमचंद संगोष्ठी शृंखला के सत्र 3 में मुख्य वक्ता

33. 30 देशों की यात्रा

34. 35 विभिन्न कार्यक्रमों का आयोजन

35. 20 विभिन्न कार्यक्रमों में मंच संचालन

36. 50 से अधिक विभिन्न मंचों पर कविता पाठ

37. 20 अंतर्राष्ट्रीय मंचों पर कहानी/गद्य पाठ

38. 20 प्रसिद्ध महानुभावों के साक्षात्कार

39. 5 कार्यक्रमों में शोध-पत्र/समीक्षा वाचन

40. 6 से अधिक पुस्तकों की प्रूफ़ रीडिंग

लेखक पेज	:	https://www.amazon.com/author/drartilokesh
		https://notionpress.com/author/314504
कविता	:	Kavitakosh.org/kk/आरती_'लोकेश'
कोश		51 से अधिक कविताओं को कविता कोश में स्थान
यूट्यूब	:	**'हिंदी साहित्य कथा कहन' यूट्यूब कथाएँ**
कथाएँ		फ़िबोनाची प्रेम - https://youtu.be/-_-OPkKVQgI
		तितली और ततैया - https://youtu.be/_CXUrb5wnSc
		साँच की आँच - https://youtu.be/OcA4fvBPmy8
		प्रशस्ति पत्र - https://youtu.be/ntCcswrDWNs
		आधी माँ अधूरा कर्ज - https://youtu.be/iJslcNSbYOk
		संथारा उत्सव - https://youtu.be/vQ5BJLgjdGk
		छठी इंद्री - https://youtu.be/ylUALTdGdjw
		डोर के दो छोर - https://youtu.be/y4iiokxNpyM

गजदंत - https://youtu.be/R7CCt0nvxW8
चिरसंचित प्रतिकार - https://youtu.be/JHgWwRRrHs4
'आज सुनिए कहानी' चैनल पर
आधी माँ अधूरा कर्ज - https://youtu.be/yIY-Qzj3VGk?si=Imkg-kQr1DSFiyCD
चिरसंचित प्रतिकार -
https://www.youtube.com/watch?v=kda7igNQwks
मोह का ताना-बाना –
https://www.youtube.com/watch?v=1SuV06pOIDw
एक टोकरी केले - https://youtu.be/F0vbMWNvko0?si=gx-t_z93bZg0wZnS
साँच की आँच -
https://youtu.be/ihO5iXl6QAw?si=3cYGvSF9XyVtNpaj

फेसबुक	:	https://www.facebook.com/arti.goel.lokesh
संपर्क	:	arti.goel@hotmail.com; arti.goel1@gmail.com
वर्तमान	:	Dubai. U.A.E.
स्थायी पता	:	यमुना विहार, दिल्ली 110053

विविध-चित्र

शोध-पत्र : 'लक्ष्मण बूटी संजीवनी बूटी' 'श्री राम चरित भवन, ह्यूस्टन' द्वारा पंचम अंतरराष्ट्रीय रामायण अधिवेशन पुस्तक में / 'इरा' पत्रिका

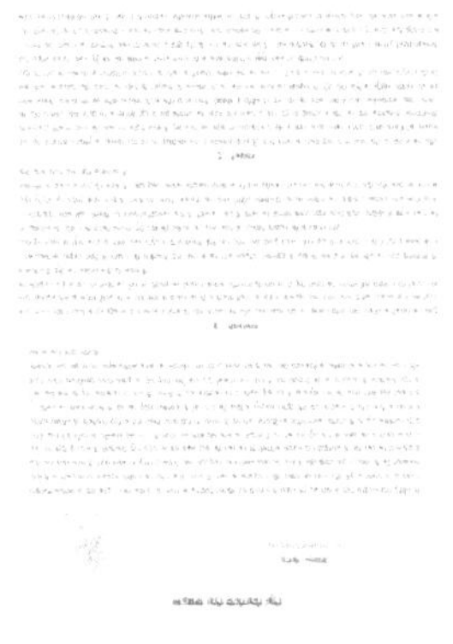

आलेख 'यू.ए.ई. में हिंदी व भारतीय संस्कृति को बढ़ावा देने वाली सक्रिय संस्थाएँ'
'वैश्विक हिंदी परिवार' हिंदी के वैश्विक मंच की वेबसाइट vaishvikhindi.com पर
https://vaishvikhindi.com/posts/2559

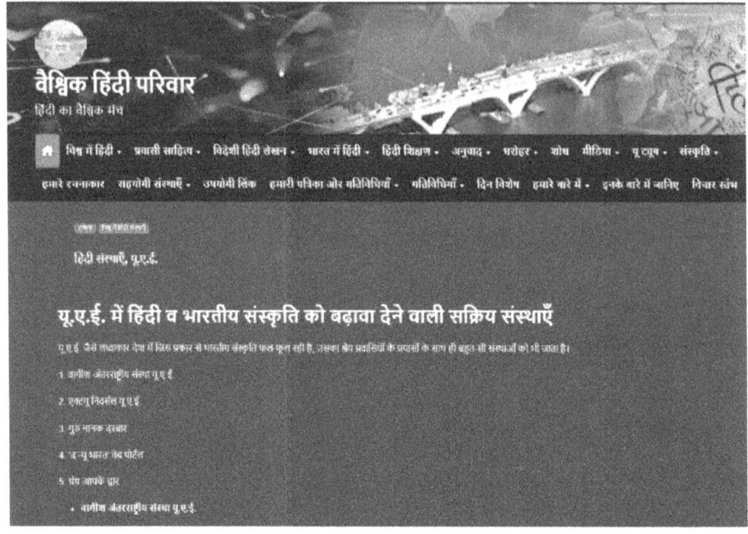

वागीश अंतरराष्ट्रीय संस्था यू.ए.ई. में प्रवासी भारतीय बालकों के लिए हिंदी की प्रतियोगिताएँ आयोजित करती है, उन्हें पुरस्कार देकर प्रोत्साहन देती है, हिंदी की विधाएँ सिखाने के लिए कार्यशालाएँ करवाती है तथा सामाजिक हित में उत्कृष्ट लेखन का प्रकाशन करवाती है। संस्था की संस्थापक अध्यक्ष डॉ. आरती 'लोकेश' हैं।

अपने निजी प्रयासों से वागीश ने अपने सामाजिक साहित्यिक दायित्व का निर्वहन करते हुए भारत के पाँच रचनाकारों की उत्कृष्ट पांडुलिपियों का चयन कर सहायतार्थ तथा हिंदी साहित्य को प्रोत्साहन देने के उद्देश्य से उन्हें पुस्तकाकार प्रकाशित करवाया है तथा उन्हें वागीश सम्मान से विभूषित किया है। इस प्रतियोगितात्मक परियोजना में भारत के कोने-कोने से 100 रचनाकारों ने भाग लिया।

रवींद्रनाथ टैगोर विश्वविद्यालय भोपाल के विश्वरंग महोत्सव का विश्वरंग यू.ए.ई. चैप्टर 2020 में वागीश यू.ए.ई. के सहयोग से स्थापित हुआ। इसमें प्रतिवर्ष विचार-गोष्ठियाँ, साक्षात्कार, कला-संस्कृति व साहित्य पर चर्चाएँ, पुस्तक विमोचन आदि आयोजन व महत्वपूर्ण कार्य हुआ। वागीश संस्था के अंतर्गत विश्वरंग यू.ए.ई. के 2022 संस्करण में पुन: जोर-शोर से काम किया गया और लघुकथा कार्यशाला, बाल साहित्य-गोष्ठी, विषय आधारित कवि वर गद्य चर्चाएँ, सामाजिक सेवा व योगकर्ताओं के साक्षात्कार आदि लिए गए। 2023 में यू.ए.ई. के समस्त रचनाकारों की प्रतिनिधि कविताओं का संकलन यू.ए.ई. की चयनित रचनाएँ नाम से टैगोर विश्वविद्यालय से प्रकाशित हुआ। वागीश संस्था टैगोर अंतरराष्ट्रीय हिंदी केंद्र तथा प्रवासी शोध केंद्र के साथ जुड़कर भी सतत कार्य कर रही है।

विश्व हिंदी सचिवालय मॉरीशस के साथ हिंदी दिवस 2021 के उपलक्ष्य में यू.ए.ई. के छात्र-छात्राओं के लिए हिंदी पर आधारित प्रतियोगिताएँ करवाई गईं। बालकों को उम्र के अनुसार 3 श्रेणियों में विभाजित कर पूरे यू.ए.ई. के स्कूली छात्रों की प्रतियोगिताएँ हुईं। प्रत्येक वर्ग को इनाम की राशि आवंटित की गई, प्रमाण-पत्र आदि दिए गए। और सबसे बड़ी बात इसमें यह रही कि इन बालकों की स्वरचित कविताओं को संकलित कर उन्हें एक पुस्तक का रूप प्रदान किया गया, जिसका नाम है- 'होनहार बिरवान'। लगभग 45 बच्चों की कविताएँ उसमें हैं जो 6 वरिष्ठ हिंदी प्रचारकों की भी। यह अनूठी पुस्तक बालकों द्वारा रचित यू.ए.ई. में हिंदी की पहली पुस्तक है।

संस्था के प्रयासों से 'अन्वय यू.ए.ई.' 2022 अगस्त से लेकर अब तक न्यूयॉर्क स्थित भारतीय कौंसलावास से निकाली जा रही है। इससे यू.ए.ई. के बच्चों की तथा बड़ों की रचनाओं, विशेषकर यू.ए.ई. की विशेषताओं से भरी रचनाओं को प्रकाश में लाया गया। पत्रिका के निमित्त प्राप्त रचनाओं को संकलित कर दो पुस्तकों 'अन्वय कृति यू.ए.ई.' तथा 'अन्वय संगम यू.ए.ई.' का प्रकाशन भी संस्था ने करवाया।

वागीश यू.ए.ई. ने भोपाल के साथ मिलकर नवगीत त्रया पर कार्यशालाएँ करवाईं। 'लोटसब्लूम' के साथ मिलकर हाइकू कार्यशाला हुई। 'प्रणेता साहित्यिक संस्था' के साथ लघुकथा गोष्ठी की। 'हिंदी कनेक्ट' नाम की एक नवोदित संस्था के साथ मिलकर वागीश ने स्वतंत्रता दिवस पर विद्यार्थियों के लिए स्वरचित कविता की प्रतियोगिता करवाई।

वागीश संस्था ने भारत से साहित्यिक भ्रमण हेतु दुबई पधारे 40 सदस्यों के समूह के लिए दो दिवसीय साहित्यिक संगोष्ठी, शोध-प्रस्तुति तथा सम्मान समारोह आदि का आयोजन किया। यह कार्यक्रम 'अक्षर वार्ता शोध पत्रिका' तथा 'कृष्णा बासंती शैक्षणिक व सामाजिक समिति' के तत्वावधान में सम्पन्न हुआ। तत्पश्चात 'छत्तीसगढ़ मित्र' के सहयोग से दुबई में साहित्यिक भ्रमण तथा 'अंतरराष्ट्रीय हिंदी उत्सव' मनाया गया। इसमें शोध पत्र प्रस्तुति, रचना पाठ व सम्मान समारोह किया गया।

'वैश्विक हिंदी परिवार' के तत्वावधान में वागीश यू.ए.ई. ने स्थानीय बहुआयामी प्रतिभाओं को मंच प्रदान करते हुए 17 जून 2023 में कार्यक्रम आयोजित किया जिसमें यू.ए.ई. से हिंदी साहित्य में पाणित विविध विधाओं और संस्कृतियों से जनसमूह को परिचित कराया गया।

'भारत उत्सव' तथा 'भारत पर्व' में संस्था के सदस्यों ने सहभागिता द्वारा हिंदी के महत्व को प्रतिपादित करते हुए चर्चाओं के सत्रों का आयोजन किया और महत्वपूर्ण हिंदी पुस्तकों की प्रदर्शनी व लोकार्पण किया गया।

अमेरिका के समूह 'हिंदी से प्यार है' के साथ संस्था का प्रारंभ से नाता है। अमेरिका की एक और संस्था वैश्विक हिंदी संस्थान के साथ जुड़कर भी वागीश ने हिंदी व संस्कृति के प्रचार-प्रसार में योगदान दिया। इस सहयोग से लगभग 4 पुस्तकों का निर्माण, संपादन, प्रकाशन हो चुका है। अनेक काव्य-गोष्ठियाँ हो चुकी हैं और लघुकथाओं पर परिचर्चाओं व कार्यशालाओं का आयोजन हुआ है। एक्सप्रूनिवर्सल के साथ मिलकर वागीश संस्था ने महत्वपूर्ण कार्य किए हैं।

सद्यप्रकाशित पुस्तकें

दूर्वादल
दूब-सी लघु, नरम व तीक्ष्ण लघुकथाओं का संग्रह
डॉ. आरती 'लोकेश'

फिबोनाची वितान
सूक्ष्म उद्गम से अनंत फैलाव की संभावनाओं की कथाएँ
डॉ. आरती 'लोकेश'

www.ingramcontent.com/pod-product-compliance
Lightning Source LLC
Chambersburg PA
CBHW040751120726
48005CB00012B/1140